Ute und Peter Freier

DIE SCHÖNSTEN AUSFLÜGE

STILLE WEGE RUND UM STUTTGART

Wander-, Rad- und Autotouren abseits des Trubels

J. BERG

Inhalt

Einkehrpause in Rottenburg am Neckar

In den Weinbergen im Remstal

Der Elefantenbrunnen in Wiesensteig

Biergärten bieten immer wieder die Möglichkeit zu rasten.

Einführung

»Stille Wege« gibt es die überhaupt rund um Stuttgart? Eine Frage, die sich stellt angesichts der dichten Besiedlung und der Anhäufung von Industriebetrieben in der näheren Umgebung von Stuttgart, in der sogenannten Region Mittlerer Neckar. Hier verlaufen Autobahnen, verkehrsreiche Bundesstraßen sowie Eisenbahnen und am Flughafen Echterdingen startet alle paar Minuten ein Flugzeug. Auch die Wege in den grünen »Oasen«, die es in Stuttgart und Umgebung durchaus gibt, sind an Wochenenden nicht still. Hier unterwegs zu sein bedeutet nicht, dass man nur das Gezwitscher der Vögel und das Rascheln der Laubkronen hört.

Definiert man »stille Wege« jedoch als Wege, auf denen man verhältnismäßig wenige Menschen trifft, dann lassen sich solche auch in Stuttgart finden, z. B. in den Weinbergen, kleinen Waldgebieten und Kleingartenanlagen zwischen den einzelnen Stadtteilen, beispielsweise auf der Wangener Höhe am Rand des Stuttgarter Talkessels.

Stille Wege zu finden wird einfacher, je weiter man sich von Stuttgart entfernt. »Rund um Stuttgart« ist deshalb definiert als das Ge-

*Rebhäuschen in den
zahlreichen Weinbergen
rund um Stuttgart*

7

Die Burg Hohenrechberg ist gut erhalten.

Auf dem Radweg durch das Ammertal bei Herrenberg

biet, das bis zu 50 Kilometer von Stuttgart entfernt ist, d. h. im Norden bis Sinsheim und Heilbronn, im Osten bis Gaildorf im Schwäbisch-Fränkischen Wald und bis zum Filstal bei Geislingen an der Steige. Innerhalb dieses Radius von 50 Kilometern liegen auch der nördliche Bereich der Albhochfläche und das obere Neckartal bis Horb sowie der östliche Rand des Schwarzwalds.

Landschaftlich sind die einzelnen Regionen höchst unterschiedlich. Der Kraichgau ist eine weitgehend offene, sanft geschwungene und von der Landwirtschaft dominierte Hügellandschaft mit flachen Tälern wie dem der Elsenz zwischen Eppingen und Sinsheim. Hier liegen kleine Städte wie Bretten mit seiner malerischen Altstadt, Gochsheim mit interessanten Museen sowie Eppingen mit rund 100 Fachwerkhäusern und einem Museum zum Thema Fachwerkkonstruktionen.

Auch das Strohgäu südlich der Enz ist eine offene, leicht gewellte Region, die von der Landwirtschaft dominiert wird. Hier kann man beispielsweise per Fahrrad der Spur der Kelten folgen zu Grabhügeln und nach Hochdorf, wo im Keltenmuseum die Grabkammer eines nicht von Grabräubern geplünderten keltischen Fürsten zu bestaunen ist.

Ausgedehnte Weinberge prägen die Gebiete Stromberg und Heuchelberg mit ihren bis zu 450m hohen Hügelrücken, das Neckartal zwischen Marbach und Heilbronn sowie den Unterlauf des Remstals bei Weinstadt mit bekannten Weinorten wie Mundelsheim, Hessigheim und Lauffen am Neckar, Kernen oder Strümpfelbach. Ob Lemberger und Trollinger oder Schwarzriesling und Riesling – in den Winzergenossenschaften und Weingütern kann man die Weine verkosten und erwerben. Zu einer Weinregion gehört auch der Besuch einer »Besenwirtschaft«, d. h. einer Schankstube, in der für einige Wochen im Jahr der vom Winzer hergestellte Wein ausgeschenkt wird und einfache Gerichte angeboten werden. Ob eine Besenwirtschaft geöffnet ist, zeigt ein bunt geschmückter »Besen«.

Ausgedehnte Wälder beherrschen das Bild im hügeligen, durch zahlreiche Täler stark gegliederten Schwäbisch-Fränkischen Wald. Das größte, von nur wenigen Fernstraßen durchschnittene Waldgebiet in Baden-Württemberg wurde zum Naturpark Schwäbisch-Fränkischer Wald erklärt. Informationen dazu bietet das Naturparkzentrum in Murrhardt, das an einer Radtour zum Waldsee liegt.

Als Naturpark ausgewiesen ist auch das Waldgebiet Schönbuch südlich von Stuttgart. Zahlreiche Wander- und Radwege durchziehen dieses Naherholungsgebiet mit dem nahezu vollständig erhaltenen Kloster Bebenhausen.

Waldreich ist auch der Hügelrücken Schurwald zwischen Rems- und Filstal – ein kulturhistorisch höchst interessantes Gebiet mit Burgen und den Klöstern Lorch und Adelberg, die von den hier einst ansässigen, zu deutschen Königen und Kaisern des Deutschen Reichs aufgestiegenen Staufern (11.–13. Jahrhundert) errichtet wurden. »Kaiserberge« werden deshalb drei Bergkegel genannt, auf denen die weitgehend verschwundene Burg Hohenstaufen und die noch heute gut erhaltene Burg Hohenrechberg stehen.

Weitere eindrucksvolle Burgen bzw. Burgruinen prägen den Nordrand der Schwäbischen Alb, die steil

Am Neckar kann man Tretboote ausleihen.

Die Burgen und Burgruinen auf der Schwäbischen Alb wie Hohenrechberg sind hervorragende Aussichtspunkte.

aus dem von Streuobstwiesen übersäten Albvorland aufragt. Die Burg Teck ist von Weitem zu sehen und bei Wanderern als Ziel äußerst beliebt, ebenso wie die auf einem steil abfallenden Felsen thronende Ruine Reußenstein oder die Ruine Hiltenburg, allesamt hervorragende Aussichtspunkte. Für Besucher außerdem interessant sind Karsterscheinungen wie Quelltöpfe, Tropfsteinhöhlen und Sinterterrassen sowie tief eingeschnittene, felsige Schluchten wie die Pfulb am steilen, bewaldeten Albhang.

Steil sind auch die Talhänge am Neckar, und zwar dort, wo er durch Muschelkalkgebiet fließt. Deutlich ist bei der »Porta Suevica«, der Schwäbischen Pforte bei Rottenburg, zu sehen, wie sich nach Verlassen dieser Gesteinsschichten das Neckartal weitet und dadurch mehr Raum bietet für Ansiedlungen. Während Horb noch oben am Talhang »klebt«, kann sich Tübingen in der Talebene ausbreiten.

Ähnlich eng und steilwandig wie der Unterlauf des Neckars, aber

fast durchgehend bewaldet ist das Tal der Nagold am östlichen Rand des Schwarzwalds. Hier führt der Nagoldtal-Radweg in das Fachwerkstädtchen Calw, zur eindrucksvollen Klosterruine Hirsau und in den Kurort Bad Liebenzell.

Von der Kante der Schwäbischen Alb blickt man auf das Albvorland.

Ebenso wie das Nagoldtal eignen sich weitere Flusstäler für Radtouren, beispielsweise die Täler von Fils, Murr, Neckar, Rems oder Zaber. Stark gegliedertes Hügelland wie der Schwäbisch-Fränkische Wald, das Mittelgebirge Schwäbische Alb und Weinregionen mit steilen Hängen wie das Remstal bieten sich dagegen vor allem für (Kurz-) Wanderungen und Spaziergänge an. Wer sich diese Landschaften aber vorwiegend mit dem Auto »erwandern« möchte, findet bei den zehn Autotouren jeweils mehrere Vorschläge für kurze Spaziergänge, z. B. zu Aussichtspunkten oder durch Weinberge.

Für Autotouren gut geeignet ist die *Straßenkarte Baden-Württemberg-Nördliche Schweiz-Vogesen der Medienagentur GeoMap im Maßstab 1:250 000*, für Radtouren genügen die *Radwanderkarten des Landesvermessungsamts Baden-Württemberg im Maßstab 1:100.000*, und für Wanderungen stehen die *Freizeitkarten des Landesvermessungsamts Baden-Württemberg im Maßstab 1:50.000* zur Verfügung.

Blick auf Hohenstaufen

Die Touren

1

Im Kraichgau zwischen Bretten und Sinsheim

Eine Autotour sowie Spaziergänge bei Gochsheim, Oberderdingen, Sternenfels und Kürnbach

■ **Ausgangspunkt der Autotour**
Anschlussstelle 44 (Pforzheim-Nord) der A 8 Karlsruhe – Stuttgart und B 294 nach Bretten

■ **Streckenlängen / Fahr- und Gehzeiten**
Autotour 50 km
Spaziergänge 1–4
2–5 km / 40 Min.–
1 ½ Std.

■ **Tourismus-Information**
Bretten,
Tel. 0 72 52/95 76 20,
www.bretten.de
Eppingen,
Tel. 0 72 62/9 20-11 16,
www.eppingen.de

Der Kraichgau, die Region zwischen Karlsruhe, Heidelberg und Heilbronn, ist ein sanftes Hügelland mit Höhen bis etwa 300 m und weiten Tälern, durch die früher wichtige Fernstraßen liefen. Heute führen die Autobahnen um diese Region herum, wodurch der Kraichgau weitgehend beschaulich geblieben ist. Einige der Städtchen wie Bretten, Gochsheim und Eppingen haben sich ihr historisches Zentrum bewahrt. Weinberge ziehen sich immer wieder die Hänge hinauf, und in den Winzerorten wie Sternenfels und Kürnbach bieten Weingüter, Winzergenossenschaften und Besenwirtschaften den heimischen Schwarzriesling oder Trollinger an.

Melanchthon-Stadt Bretten Ehe Sie Ihre Tour beginnen, lohnt sich ein Gang durch die Altstadt von Bretten mit dem von Fachwerkhäusern umgebenen Marktplatz und dem steinernen Melanchthon-Haus, das mit seinen verzierten Portalen und Türmchen gotisch anmutet. Es wurde um 1900 erbaut als Gedächtnisstätte für den Reformator Philipp Melanchthon (1497–1560), dessen Geburtshaus hier gestanden hatte. Über die Lederverarbeitung informiert anschaulich das Gerberhaus in der Gerbergasse im südöstlichen Bereich der Altstadt an der noch teilweise erhaltenen Stadtmauer, wenige Meter entfernt vom Simmelturm.

Zuckerbäckermuseum und Bügeleisenausstellung Auf Landstraßen fahren Sie in das im Tal des Kraichbachs gelegene Städtchen Gochsheim. Das Auto stellen Sie am besten auf dem Parkplatz in der Vorstadt-

In der »Alten Universität« in Eppingen ist das Stadt- und Fachwerkmuseum untergebracht.

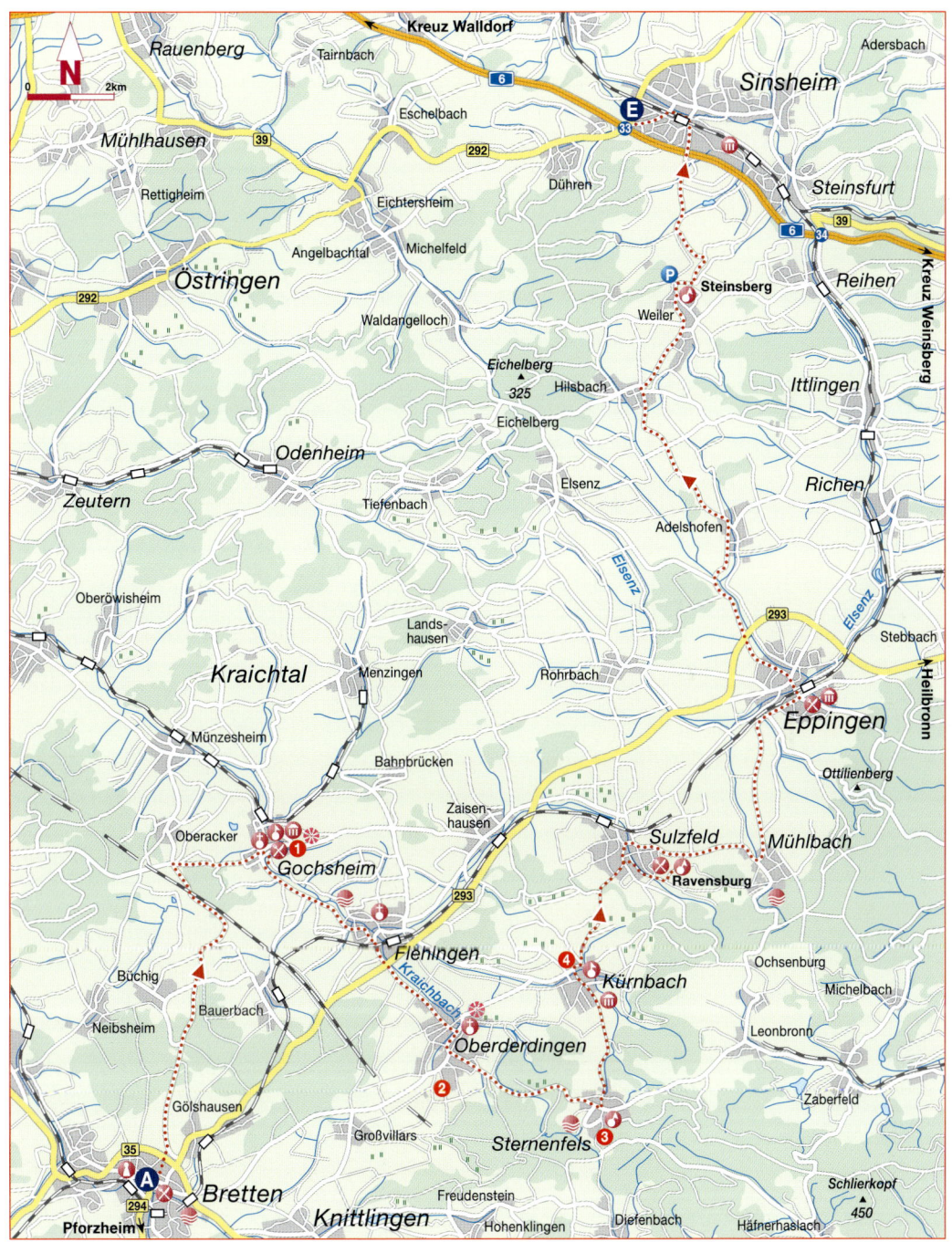

EINKEHR

■ **Bretten**
Restaurant Krone, Do Ruhetag
■ **Gochsheim**
Landgasthof Krone, Mi Ruhetag
■ **Sulzfeld**
Restaurant Burg Ravensburg, Mo und Di Ruhetag
■ **Eppingen**
Wirtskeller St. Georg, Mo und Sa erst ab 17.30 Uhr

straße unterhalb der Altstadt ab. An diesem Südhang wurden Gärten angelegt, die durch 350 Jahre alte Trockenmauern gehalten werden. Von hier kann man zunächst mit dem Spaziergang (1) beginnen oder über die Schlosstreppe auf den schmalen Hügelrücken gehen, auf dem das einst befestigte Städtchen liegt. An der Hauptstraße stehen alle wichtigen Gebäude: die Martinskirche (1703) mit barockem Turm, das Renaissance-Schloss, einst Sitz der Grafen von Eberstein, heute Museum der Stadt Kraichtal mit der weltgrößten Bügeleisenausstellung sowie einer umfangreichen Kunstsammlung des Malers Karl Hubbuch (1891–1979), das Badische Bäckereimuseum in der ehemaligen Backstube und das Zuckerbäckermuseum, in dem man

Bild links: Der Turm der Burg Steinsberg ist von weitem zu sehen.

Wochenmarkt auf dem von Fachwerkhäusern gesäumten Marktplatz in Bretten

sich über die Herstellung von Marzipan und Schokoladeneiern informieren kann.

Heimat von »Herrn Biedermeier« Von Gochsheim geht es im Tal des Kraichbachs weiter in das auseinandergezogene Dorf Flehingen, das ursprünglich aus zwei Dörfern bestand: aus Flehingen und Sickingen. Im östlichen Teil stand an der Stelle der heutigen Schlossgartenhalle die Tiefenburg des einst mächtigen Geschlechts derer von Sickingen. Die prächtigen Grabmale der Ritter von Sickingen sind in der gotischen Magdalenenkirche auf dem »Burghügel« zu bewundern. Im westlichen Ortsteil, dem eigentlichen Flehingen, stand einst

19

eine Wasserburg. An der gleichen Stelle wurde im 17. Jahrhundert das Metternich'sche Wasserschloss erbaut, das heute ein Bildungszentrum ist. Flehingen ist auch die Heimat von »Herrn Biedermeier«, der eigentlich Samuel Friedrich Sauter (1766–1846) hieß und ein Dorfschulmeister mit Hang zur Lyrik war. Über 500 Seiten füllte er mit Gedichten, in denen er vom Leben der biederen Leute erzählte. Einem Arzt namens Kußmaul aus Karlsruhe erschienen sie einige Jahre später als komisch und er gab sie als Gedichtesammlung mit dem ironischen Titel »Buch Biedermeier« neu heraus. Der Name Biedermeier bezeichnet heute die Zeit zwischen 1815 und 1848.

Weinbauern und Sandbauern Von Flehingen ist es nicht weit nach Oberderdingen, einst ein kleines Winzerdorf, heute eine von Industriebetrieben geprägte Ortschaft. Ländlich-idyllisch wirkt jedoch noch das Zentrum mit seinen Fachwerkhäusern und der Kirche. Keimzelle des Ortes war ein Pfleghof des Klosters Herrenalb, der Oberderdinger Amthof, der heute noch immer von einer Wehrmauer umschlossen ist. Südlich des Ortes erstreckt sich das Naherholungsgebiet »Derdinger Horn«, zu erreichen über das »Hornsträßchen«. An diesem schönen Aussichtspunkt informiert das »Weinplateau« über die Weinbautradition des Ortes und die Arbeit eines Weinbauern; hier beginnt ein Weinlehrpfad (2).

Auch in dem auf 300 m Höhe gelegenen Ausflugsort Sternenfels wird Wein angebaut. Doch früher lebten die Einwohner nicht nur vom Weinbau, sondern arbeiteten im 18./19. Jahrhundert auch als »Sandbauern« in den rund 50 Sandmühlen. Dort wurde der abgebaute Stubensandstein zu Scheuersand zermahlen, der damals ein begehrtes Putzmittel für Holzfußböden und Holzgeschirr war. In der Heimatstube im Aussichtsturm auf dem Schlossberg und auf dem Stubensandsteinweg (3) kann man sich über diesen Beruf informieren.

Schwarzriesling und Riesling Der nächste Ort an der Autostrecke ist der Weinort Kürnbach, der aufgrund des hier angebauten Weins als »Schwarzriesling-Dorf« bezeichnet wird. Über die Geschichte des Weinbaus informiert ein Weinlehrpfad (4), über die Wirtschaftsgeschichte Europas seit 1606 das Aktienmuseum. Auch in Sulzfeld hat der Weinanbau eine lange Tradition. Die Winzergenossenschaft und mehrere Weingüter bieten ihre Weine an. Dazu gehört auch das Weingut Burg Ravensburg, dessen Spezialität u. a. der Riesling ist. Die Reben wachsen z. B. am Hang des Hügels, auf dem die gut erhaltene Ravensburg steht. Im inneren Burghof, der über eine Brücke zu-

Malerisch ist die Silhouette des Kleinstädtchens Gochsheim.

gänglich ist, sind der Bergfried, ein Brunnenschacht sowie ein Renais-sance-Palas erhalten, in dem ein stilvolles Restaurant eingerichtet wurde.

Fachwerkstadt Eppingen In Eppingen, das im Jahr 1188 freie Reichsstadt wurde, gruppieren sich mehr als 100 Fachwerkhäuser um das älteste Gebäude der Stadt, den Pfeifferturm: u. a. das Bau-mann'sche Haus (1582), heute Hotel Wilde Rose, die ehemalige Ratsschänke (1388), die Alte Universität (1495), während der Pest im Jahr 1564 zeitweise Ausweichstelle der Universität Heidelberg, heute Stadt- und Fachwerkhaus-Museum. Hier wird man über ver-schiedene Verstrebungstechniken informiert, ebenso auf dem Fach-werkpfad zwischen Altstadt und Bahnhof.

Burg Steinsberg – der »Kompass des Kraichgaus« Über Adelsho-fen und Hilsbach erreichen Sie den Weinort Weiler. Schon von Wei-tem weist Ihnen der Bergfried der Burg Steinsberg den Weg, weshalb die auf einem isolierten Bergkegel stehende Burg als »Kompass des Kraichgaus« bezeichnet wird. Vom Parkplatz unterhalb der Burg ge-hen Sie steil bergauf und erreichen durch zwei Mauerringe den von einer 10 m hohen Mauer umschlossenen Burghof. An die Mauer an-

Der Oberderdinger Amthof,
ein einstiger Pfleghof des
Klosters Herrenalb.

gebaut sind die einstigen Wohn- und Wirtschaftsgebäude, in denen sich heute eine Gaststätte befindet. Den
Ausblick genießen kann man nur von dem achteckigen,
knapp 30 m hohen Bergfried, der im 13. Jahrhundert
aus Buckelquadern erbaut wurde. Von hier ist es nicht
weit zur Anschlussstelle 33 (Sinsheim) an der A 6. Wer
noch nicht »museumsmüde« ist, kann sich im Sinshei-
mer Industriegebiet das umfangreiche Technik- und Au-
tomuseum ansehen.

Spaziergänge

(1) Zum Aussichtspunkt bei Gochsheim Vom Parkplatz in der Vorstadtstraße unterhalb des Schlosses gehen
Sie in westlicher Richtung am »Scharfrichterhaus« mit
seiner bemalten Fassade vorbei zur Hauptstraße. Sie halten sich rechts und überqueren den Kraichbach. Rechts
vom Gasthaus Krone wandern Sie auf eine Anhöhe und
stoßen auf die historische »Hohe Straße«. Rechter Hand
finden Sie einen Aussichtspunkt mit Blick auf die Altstadt. Sie steigen wieder ab und kehren entlang der
Stadtmauer zur Vorstadtstraße zurück. Wer möchte, geht über die
Schlosstreppe hinauf in die Altstadt (ca. 2 km / 40 Min.).

(2) Weinlehrpfad in Oberderdingen Start ist am »Derdinger
Horn«, südlich von Oberderdingen. Von diesem Aussichtspunkt mit
Wanderhütte führt der Lehrpfad zum Aussichtspunkt Bergwald, zum
Bernhardsweiher und durch Weinberge zurück (4 km / 1 ½ Std.)

(3) Der Sandbauernweg in Sternenfels Beim KOMM-IN in der
Maulbronner Straße beginnt die Kurzwanderung auf dem ausge-
schilderten Sandbauernweg, der hinaufführt zum Schlossbergturm
und hinunter durch das einstige Abbaugebiet des Stubensandsteins.
Nach Diefenbach (Einkehrmöglichkeit), vorbei an einem Rotwildgehege und einem Freibad, durch Streuobstwiesen sowie Weinberge
und über den Aussichtspunkt Augenberg kehren Sie zurück nach
Sternenfels. Am Weg gibt es Informationstafeln (5 km / 1 ½ Std.).

(4) Weinlehrpfad in Kürnbach Der Wanderweg (Markierung:
Traubensymbol) beginnt am Parkplatz »Seitzeklinge« und bietet als
»Panoramaweg« Ausblicke auf die Kraichgaulandschaft. Am Weg gibt
es 22 Informationstafeln (2,5 km / 45 Min.).

Bild rechts: In der Ravensburg
kann man einkehren.

2

Radtour von Lauffen am Neckar in das Zabergäu

Nach Kirchheim am Neckar und Bönnigheim

■ **Ausgangspunkt**
Lauffen am Neckar

■ **Anfahrt**
Pkw: A 81, Dreieck Leonberg – Kreuz Weinsberg, Anschlussstelle 11 (Untergruppenbach), Landstraße nach Talheim und B 27 nach Lauffen am Neckar; nach Überqueren des Neckars links abbiegen zum Parkplatz am Freibad
Bahn: Lauffen ist Station an der Linie Stuttgart – Heilbronn

■ **Streckenlänge / Fahrzeit**
30 km / 2 ½ Std.

■ **Tourismus-Information**
Lauffen am Neckar,
Tel. 0 71 33/1 06 14,
www.lauffen.de

Die kurzweilige Rundtour besteht aus unterschiedlichen Streckenabschnitten: Zunächst geht es im Neckartal bequem, im Tal des Mühlbachs dann etwas steiler aufwärts über das ruhige Städtchen Bönnigheim an den Fuß des Michaelsbergs, dem Wahrzeichen des Zabergäus, anschließend folgt ein Höhenrücken. Bequem talabwärts geht es auf dem zweiten Streckenabschnitt entlang oder in der Nähe des Flüsschens Zaber. Unterschiedlich sind auch die Landschaftsbilder: Weinberge am Neckar sowie zwischen Bönnigheim und dem Michaelsberg, Wiesen und Obstwiesen am Unterlauf des Mühlbachs und im Tal der Zaber.

Über Kirchheim am Neckar nach Bönnigheim Am Parkplatz vor dem Freibad von Lauffen am Neckar wenden Sie sich nach links zum Neckarufer und radeln bequem talaufwärts, vorbei an dem jenseits des Neckars stehenden Atomkraftwerk Neckarwestheim. Sie gelangen am Fuß von Weinbergen durch eine Flussschleife in den Weinort Kirchheim am Neckar, der im Hochmittelalter als freies Reichsdorf direkt dem Kaiser unterstellt und wie eine Stadt befestigt war. Durch eine Bahnunterführung (Radmarkierung: Schwäbische

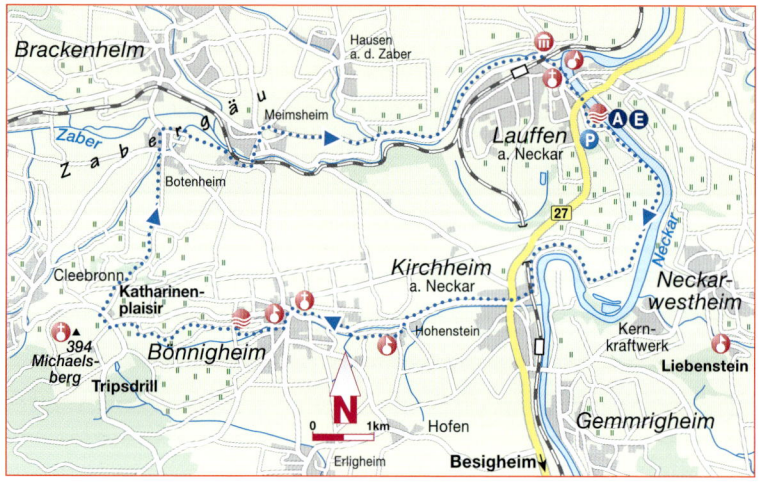

24

Weinstraße, Neckartal-Radweg) und einen Torturm erreichen Sie die ruhige Ortsmitte (Radmarkierung: Hohenstein). Hier folgen Sie der quer verlaufenden Ortsdurchfahrt (B 27) nach links, biegen nach 50 Metern rechts ab in die Straße Bachmühlenweg (Radmarkierung) und halten sich kurz darauf erneut rechts und biegen in die Talstraße, die talaufwärts den Mühlbach entlang in das von einem Schloss dominierte Dörfchen Hohenstein führt. Am Fuß des Schlossbergs wird der Anstieg etwas steiler. Auf der von Kirchheim am Neckar heraufführenden Straße gelangen Sie in Bönnigheim an den Rand der Altstadt. Sie wenden sich nach links in Richtung Bietigheim, biegen nach 30 Metern rechts ab in die Poststraße und halten sich vor einem größeren Industriebetrieb rechts zur Altstadt mit einem spätbarocken Schloss, das als Sommerresidenz derer von LaRoche diente, einer Linie der Grafen von Stadion. Hier schrieb in der zweiten Hälfte des 18. Jahrhunderts Sophie LaRoche den ersten Frauenroman Deutschlands, die »Geschichte des Fräuleins von Sternheim«; heute ist im Schloss das Museum Charlotte Zander untergebracht mit mehr als 3400 Bildern und Skulpturen der naiven Kunst (Di–Sa 11–15, So 11–16 Uhr). In der einst befestigten Altstadt steht die im 14. Jahrhundert erbaute Kirche

Auf dem Neckartal-Radweg bei Lauffen am Neckar

EINKEHR

■ **Botenheim**
Besenwirtschaft Spundloch, Tel. 0 71 35/1 26 56, geöffnet März und Nov.

■ **Meimsheim**
Besenwirtschaft Weingut Kern-Schaufler, Tel. 0 71 35/9 83 30, geöffnet im Frühjahr und Sept. / Okt.

■ **Lauffen am Neckar**
Im »Städtle« die traditionsreiche Weinstube Sonne, Mo Ruhetag

St. Cyriak mit einem gotischen, reich verzierten Steinlettner, dem einzigen in Württemberg, sowie einem Bild der Bönnigheimer Bürgerin »Schmotzerin«, die im 15. Jahrhundert 53 Kinder geboren haben soll.

An den Fuß des Michaelsbergs und in das Zabertal Am Schloss biegen Sie links ab in die Schlossstraße, wenden sich am Rand der Altstadt erneut nach links und folgen gleich darauf der Bachstraße nach rechts. Vorbei an einem Freibad (Wandermarkierung »rotes Kreuz«) führt ein Asphaltweg zwischen Wiesen und Obstwiesen, wenig später zwischen Weinbergen in Richtung Michaelsberg (394 m), dem Wahrzeichen des Zabergäus mit einer spätromanischen Kapelle und einem Kapuzinerhospiz. Der Asphaltweg mündet in die Straße Bönnigheim – Cleebronn ein, auf der Sie sich links halten und gleich darauf nach rechts der Straße Freudental – Cleebronn folgen zum Gehöft Katharinenplaisir am Fuß des Michaelsbergs; linker Hand befindet sich der Vergnügungspark Tripsdrill. Ein rechts abzweigendes Sträßchen (Radmarkierung: Brackenheim) führt zu einem Naturfreundehaus hinauf, und nach wenigen Metern biegen Sie rechts ab auf einen asphaltierten Weinbergweg. Mit Blick auf die Täler von Zaber und Neckar fahren Sie steil bergab, erreichen den im Tal der Zaber gelegenen Weinort Botenheim und wenden sich gegen Ortsende vor einer Linkskurve der Straße nach rechts in die Straße Schleicherweg.

Im Zabertal nach Lauffen am Neckar Schnurgerade führt der Weg (Radmarkierung: Brackenheimer Rundweg) auf der

Sohle des Zabertals nach Meimsheim, das aus einer Römersiedlung hervorging und zu den ältesten Dörfern im Zabergäu zählt.

Auf der quer verlaufenden Straße Bönnigheim – Meimsheim wenden Sie sich nach links und biegen im Ortskern links ab in Richtung Hausen an der Zaber. Vor der am Ortsrand etwas erhöht stehenden spätgotischen Martinskirche halten Sie sich rechts, nach 250 Metern erneut nach rechts in die Straße Alter Lauffener Weg (Ausschilderung: Sportanlagen, Radmarkierung). Ein Fahrweg führt in das hier enge Tal der Zaber hinunter, wo Sie talabwärts einem Fuß- und Radweg an der Talstraße folgen. Unmittelbar an einer Straßenbrücke über das Flüsschen kreuzen Sie die Straße, gelangen am Fuß von Weinbergen zum Ortsrand von Lauffen am Neckar und überqueren die Zaber; linker Hand befindet sich der Klosterhof mit dem Stadtmuseum und dem Hölderlinzimmer. Die Nordheimer Straße führt nach rechts zur Ortsdurchfahrt, der Sie in die Stadt folgen und dabei sowohl die Regiswindiskirche als auch eine Neckarinsel mit den Überresten einer mittelalterlichen Burg passieren. Etwa 50 Meter nach der Neckarbrücke kehren Sie in der links abzweigenden Neckarstraße und durch eine Unterführung der B 27 an den Ausgangspunkt zurück.

Bild links oben: Im Kleinstädtchen Kirchheim am Neckar fallen viele Fachwerkhäuser auf.

Bild links unten: Die Michaelskapelle steht inmitten von Weinbergen.

Die Regiswindiskirche in Lauffen im Mittelalter Ziel von Wallfahrern.

27

3

Weinorte am Mittleren Neckar

Eine Autotour am Neckar zu zwei Schlössern, eine Radtour
bei Besigheim und Spaziergänge bei Mundelsheim,
zu den Hessigheimer Felsengärten und in das Schozachtal

■ **Ausgangspunkt
der Autotour**
Pleidelsheim

■ **Anfahrt**
A 81 Dreieck Leonberg –
Kreuz Weinsberg,
Anschlussstelle 14
(Pleidelsheim)

■ **Streckenlängen / Fahr-
und Gehzeiten**
Autotour knapp 40 km
Radtour (Besigheim)
25 km / 2 Std.
Spaziergänge 1–3
3–5 km / 20 Min.–1 ¼ Std.

■ **Tourismus-Information**
Touristikgemeinschaft 3 B,
Tel. 0 71 42/74-22 7,
www.3b-tourismus.de
Lauffen am Neckar,
Tel. 0 71 33/20 77-0,
www.lauffen.de

**Mundelsheim, Hessigheim und Ingersheim, Besigheim und
Lauffen am Neckar, Talheim und Neckarwestheim – bekannte
Namen für die Kenner württembergischer Weine.** Der Kalkboden
ermöglicht, insbesondere an den steilen, felsigen Talhängen des hier
mäandrierenden Neckars, den Anbau ausgezeichneter Weine. Entlang des Neckars führt die Tour durch verschiedene Weinorte, zu den
sehenswerten Städtchen Besigheim und Lauffen am Neckar sowie zu
den Schlössern Liebenstein bei Neckarwestheim und Stettenfels bei
Untergruppenbach.

*Weinberge und Blumenfelder
im Neckartal*

28

Über Lauffen am Neckar zu Schloss Liebenstein Von Pleidelsheim erreichen Sie entlang des Neckars – linker Hand an der Talkante liegt Kleiningersheim – über Mundelsheim und Hessigheim mit den bei Kletterern beliebten Hessigheimer Felsengärten den Stadtrand von Besigheim. Vor der Fortsetzung der Tour nach Gemmrigheim lohnt sich ein Spaziergang durch die Altstadt, die erhöht an der Einmündung der Enz in den Neckar liegt: Besigheim bietet enge Gassen, prächtige Fachwerkhäuser und die Kirche St. Cyriakus mit dem Besigheimer Altar, einem um 1520 von Christoph von Urach geschaffenen Hochaltar. Weiter am Ostufer des Neckars gelangen Sie über Gemmrigheim, vorbei an einem Atomkraftwerk, nach Neckarwestheim, wo gleich am Ortsbeginn die Zufahrtstraße zu Schloss Liebenstein abzweigt. Die Hauptgebäude der Burg Liebenstein wurden um 1600 im Stil der Renaissance zu einem Schloss ausgebaut, wobei die Fassade der Schlosskapelle zu den bedeutendsten Renaissance-Denkmälern in Württemberg zählt.

EINKEHR

■ **Mundelsheim**
Cafe-Restaurant Neckarmühle, Mo Ruhetag

■ **Schloss Liebenstein**
Zwei Restaurants (nur mit Voranmeldung) und ein Vesperstüble, kein Ruhetag

■ **Schloss Stettenfels**
Schirmbar mit Biergarten, kein Ruhetag

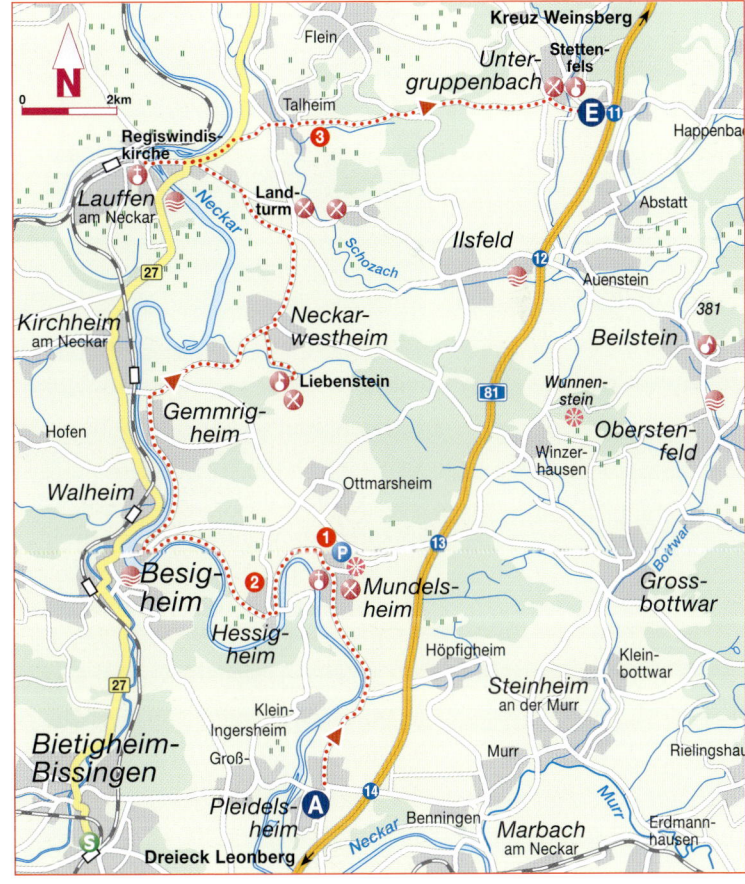

Schloss Liebenstein wurde um 1600 im Renaissance-Stil erbaut.

Lauffen am Neckar und Schloss Stettenfels Durch eine sanft gewellte Landschaft, vorbei an ausgedehnten Weinbergen, fahren Sie nach Lauffen am Neckar hinunter, das durch den Fluss in das kleine »Städtle« am Ostufer und das zum Einkaufs- und Geschäftszentrum angewachsene »Dorf« am Westufer geteilt wird. Hier steht oberhalb des Flusses die Regiswindiskirche mit einem Beinhaus und dem Sarkophag der Grafentochter Regiswindis, die, so die Legende, in jungen Jahren auf Befehl ihres Vaters im Neckar ertränkt und Tage später mit ausgebreiteten Armen wie der Gekreuzigte angeschwemmt worden sei. Wer sich für den Dichter Hölderlin interessiert, kann sich das Hölderlinzimmer im Stadtmuseum ansehen; in dem in der Nähe stehenden Haus Nordheimer Str. 5 wurde Hölderlin vermutlich geboren.

Auf der B 27 setzen Sie die Fahrt in Richtung Heilbronn fort, biegen nach 1 Kilometer rechts ab und durchqueren den im Schozachtal gelegenen Weinort Talheim. Zwischen Weinbergen, durch Wald und entlang zahlreicher Obstwiesen gelangen Sie nach Untergruppenbach und zum in Aussichtslage über dem Ort thronenden Schloss Stettenfels, das noch zahlreiche Merkmale einer Burg wie Graben und Wehrtürme aufweist. Das Schloss ist zwar nicht zugänglich, man kann aber den Schlossgarten betreten und von einem Gartencafé aus einen Ausblick genießen, ehe man wenig später die A 81 erreicht.

Auf dem Radweg im Neckartal bei Kleiningersheim

Radtour (Pleidelsheim – Besigheim)

Aus der Ortsmitte Pleidelsheim führt der Neckar-Radweg in nördliche Richtung entlang des Neckars über Mundelsheim nach Hessigheim, steigt auf der Ortdurchfahrt an und führt wieder hinunter zum Fluss. Auf einem Steg überqueren Sie den Neckar und radeln das Ufer entlang auf Besigheim zu. Am Stadtrand halten Sie sich links, passieren ein Freibad und stoßen nach 200 Metern auf eine quer verlaufende Straße. Wenn Sie sich die malerische Altstadt ansehen möchten, folgen Sie der Straße nach rechts, kreuzen die stark

Burg Stettenfels wurde1575 in ein Renaissanceschloss umgebaut.

Die reizvolle Altstadt von Besigheim mit engen Straßen und Fachwerkhäusern

befahrene B 27 und gelangen durch eine Grünanlage und das ansteigende Neckartörlesgässle in die Altstadt. Auf dem gleichen Weg kehren Sie zurück, passieren die Abzweigung der Freibad-Zufahrtstraße und biegen nach 100 Metern links ab. Ein Asphaltweg steigt an zur Kante des Neckartals – schöner Blick auf die Hessigheimer Felsengärten –, wo Sie rechts abbiegen und der Talkante durch eine Flussschleife folgen. Nach einigen Minuten führt ein Waldweg geradeaus, während Sie der Markierung einer Alternativroute des Neckar-Radwegs nach rechts folgen. Zwischen Wiesen und Feldern erreichen Sie Kleiningersheim, fahren auf einem Sträßchen zum Neckarufer hinunter und entlang des Flusses zum Ortsrand von Großingersheim. Nach links über eine Neckar-Straßenbrücke kehren Sie nach Pleidelsheim zurück.

Spaziergänge

(1) Aussichtspunkt bei Mundelsheim In Mundelsheim gehen Sie vom Parkplatz beim Freibad bzw. Sportplatz auf die Kirche zu, biegen noch vor der Kirche links ab in die Käsbergstraße (Markierung: rotes Kreuz) und steigen in den Weinbergen am steilen Neckar-Talhang, kurzzeitig auch auf Weinbergtreppen, hinauf zum Aussichtspunkt Käsbergkanzel. Nach rechts an der Talkante (Markierung: rote Rebe des Württembergischen Weinwanderwegs) führt der Weg an einem weiteren Aussichtspunkt vorbei. Erneut nach rechts abbiegen und Sie kehren entlang einer Zufahrtstraße (blaues Kreuz) bequem nach Mundelsheim zurück (5 km / 1 ½ Std.).

(2) Die Hessigheimer Felsengärten Von der Felsengärten-Kellerei am westlichen Ortsrand von Hessigheim steigen Sie durch Weinberge (Markierung: blaues Kreuz) und über Steintreppen sowie einen Pfad zu den Felsengärten und schließlich zur Talkante an. Sie wenden sich nach rechts, biegen nach 500 Metern rechts ab auf einen Weinbergweg (keine Markierung) und stoßen auf ein Sträßchen, das bergab zum Ortsrand von Hessigheim führt. Erneut nach rechts am talseitigen Rand der Weinberge kehren Sie zur Weinkellerei zurück (gut 3 km / 1 Std.).

(3) Von Talheim in das Schozachtal Am Friedhof von Talheim, der am südlichen, d. h. talaufwärts gelegenen Ortsrand angelegt wurde, folgen Sie einem Fuß- und Radweg (Wandermarkierung: rote Rebe, rotes Kreuz; Radmarkierung: Württemberger Weinstraße, Alb-Neckar-Weg) entlang der Schozach bequem talaufwärts, passieren einen Angelsee und erreichen den ehemaligen Bahnhof Schozach, der in einen Kiosk mit Biergarten umgewandelt wurde (geöffnet Mi–Fr ab 15, Sa ab 12, So ab 9.30 Uhr). Auf dem gleichen Weg kehren Sie bequem zurück (4 km / 1 ¼ Std.).

4

Zum Keltenfürsten von Hochdorf, nach Markgröningen und Asperg

Eine Autotour im Strohgäu, Wanderungen bei Markgröningen und auf den Hohenasperg

■ **Ausgangspunkt der Autotour**
Ditzingen

■ **Anfahrt**
Pkw: A 81, Dreieck Leonberg – Kreuz Weinsberg, Anschlussstelle 18 (Stuttgart-Feuerbach), und über Bahngleise in die Kleinstadt Ditzingen
Bahn: Ditzingen ist Station an der S-Bahn- Linie S 6

■ **Streckenlängen / Fahr- und Gehzeiten:**
Autoroute knapp 30 km
Wanderung 1 (Markgröningen)
16,5 km / 4 ½–5 Std.
Wanderung 2 (Hohenasperg)
13 km / 3 ½–4 km

■ **Tourismus-Information**
Markgröningen,
Tel. 0 71 45/31-41,
www.markgroeningen.de
Asperg,
Tel. 0 71 41/69-21 9,
www.asperg.de

Das Strohgäu, das sich westlich der Linie Stuttgart – Ludwigsburg – Bietigheim erstreckt, im Norden etwa bis zur Enz und im Süden bis zum Schwarzwald reicht, ist eine sanft gewellte Hügellandschaft mit zahlreichen kleineren Waldgebieten. Bedingt durch die Nähe zu Stuttgart haben viele Dörfer mit ihren modernen Wohnsiedlungen und auch Hochhäusern ihren ländlichen Charakter verloren. Die kulturhistorisch interessantesten Ziele sind ein sehenswertes Keltenmuseum in Hochdorf, die malerische Altstadt von Markgröningen und die einstige Landesfestung Hohenasperg, in der ein Strafvollzugskrankenhaus eingerichtet wurde.

Zum Keltenfürsten von Hochdorf und nach Markgröningen
Von der Autobahn-Anschlussstelle durchqueren Sie das lebhafte Städtchen Ditzingen mit einem ehemaligen Wasserschloss und zwei im 15. Jahrhundert gleichzeitig errichteten Kirchen. Da das Flüss-

EINKEHR

■ **Markgröningen**
u. a. das Traditionsgast-
haus Zum treuen Bartel,
Do Ruhetag
■ **Wanderung 1
(Markgröningen):**
Ausflugsgaststätte Schel-
lenhof, Mo und Di ab
14 Uhr Ruhetag
■ **Wanderung 2 (Ho-
henasperg):**
Naturfreundehaus Klein-
Aspergle, Mo Ruhetag
■ **Hohenasperg**
Schubartstube mit
Garten, Di–Sa ab 17,
So ab 11 Uhr

*In Markgröningen ist von der
Stadtbefestigung u. a. noch
das Obere Tor erhalten.*

chen Glems die Grenze zwischen den Bistümern Speyer und Konstanz bildete, unterstand die im nördlichen Ortsteil stehende Kirche
dem Bischof von Speyer, die Kirche südlich der Glems dem Bischof
von Konstanz. Auf einer Umgehungsstraße umfahren Sie Hirschlanden und halten sich in Heimerdingen rechts nach Hochdorf, wo am
nördlichen Ortsrand ein Keltenmuseum errichtet wurde (Di–Fr
9.30–12 und 13.30–17 Uhr, Sa und So 10–17 Uhr) mit der rekons-

truierten Grabkammer des vor etwa 2500 Jahren bestatteten »Kelten-fürsten von Hochdorf« mit kostbaren Grabbeigaben. Am östlichen Ortsrand wurde am originalen Standort der Grabhügel in seiner ursprünglichen Größe von 6 m Höhe und 60 m Durchmesser wieder aufgeschüttet.

Sie verlassen Hochdorf in nördlicher Richtung, folgen wenig später der B 10 in Richtung Schwieberdingen, biegen aber schon nach 500 Metern wieder ab und erreichen nach Durchqueren des Glems-tals das malerische Städtchen Markgröningen mit mächtigen Fach-werkgebäuden aus dem 15. Jahrhundert am Markplatz. Das wich-tigste Ereignis der Stadt ist der alljährlich im August stattfindende Schäferlauf über Asperg mit der im 16. Jahrhundert errichteten württembergischen Landesfestung. Über Hohenasperg und Mög-lingen gelangen Sie zur Autobahn-Anschlussstelle Stuttgart-Zuffen-hausen.

Wanderung 1 (Markgröningen)

In Markgröningen folgen Sie vom Parkplatz an der Stadthalle der Grabenstraße nach links, halten sich nach 30 Metern rechts und gelangen auf einem Gehweg an der Vaihinger Straße in das Tal der Glems, wo ein schmales Sträßchen (Markierung: blaues Kreuz) am Fuß des terrassierten Hangs talabwärts nach Talhausen führt. Entlang des Flüsschens erreichen Sie das an der Einmündung der Glems in die Enz liegende Unterriexingen, wenden sich am Ortsende nach rechts (rotes Kreuz) und folgen der Enz talabwärts zur Einmündung des Leudelsbachs. Nach einem kurzen Anstieg halten Sie sich links (blauer Balken) entlang der Enz, biegen nach 800 Metern rechts ab und steigen in einem Seitental kurz zur Ausflugsgaststätte Schellenhof an. Scharf nach rechts (blaues Kreuz) führt ein Waldweg hinauf zu einer Wegkreuzung, an der Sie nach rechts (rotes Kreuz) weiter ansteigen. Am Aussichtspunkt Enzblick vorbei erreichen Sie am

Der keltische Großgrabhügel bei Hochdorf hat einen Durchmesser von 60 Metern.

Auf dem Hohenasperg kann man in der Schubartstube einkehren.

Waldrand entlang der Talkante des Leudelsbachs das Ende des Waldgebiets. Der Weg schwenkt nach links und nach 50 Metern biegen Sie rechts ab zum Naturfreundehaus Rothenacker. Von der Terrasse des Naturfreundehauses steigen Sie steil ab zum Leudelsbach und folgen talaufwärts einem Asphaltweg (keine Markierung), von dem Sie nach 100 Metern rechts abbiegen, den Bach überqueren und auf einem Wiesenweg zum Ortsrand von Markgröningen gelangen. An einer Ampelkreuzung folgen Sie geradeaus der Paulinenstraße und kehren durch die dritte links abzweigende Straße, die Mörikestraße, in die Altstadt zurück.

Wanderung 2 (Hohenasperg)
Am Wanderparkplatz Ölmühle kreuzen Sie die Straße Markgröningen – Tamm, folgen der Markierung »rotes Kreuz« entlang des Leudelsbachs zur Straße Asperg – Markgröningen und einem Fuß- und Radweg an der Straße. Nach 500 Metern kreuzen Sie die Straße und steigen (rotes Kreuz) zwischen den Gebäuden eines Krankenhauses, Behindertenheims und einer Behindertenschule vollends hoch zur Scheitelhöhe des Hügelrückens Hurst. Ein für den öffentlichen Verkehr gesperrtes »Panoramasträßchen« führt zu einer Straßenkreuzung und geradeaus steigen Sie zum Löwentor an und in der Festungsruine Hohenasperg (356 m) mit ihren mächtigen Mauern hinauf zum Gipfelplateau mit einem Strafvollzugskrankenhaus und der Gaststätte Burgstüble. Vermutlich befand sich hier oben schon in keltischer Zeit vor 2500 Jahren der Herrensitz eines Fürstenge-

schlechts, worauf einige Großgrabhügel in der Umgebung hindeuten. Da die Festung im 18. und 19. Jahrhundert den württembergischen Herrschern auch als Kerker für missliebige Oppositionelle diente, wurde der Hohenasperg u. a. als »Demokratenbuckel« und höchster Berg Württembergs bezeichnet, da es Jahre dauern könne, bis man wieder herunterkomme. Zurück am Löwentor wenden Sie sich nach links auf den Fußweg »Schwitzgässle« und steigen in den Weinbergen nach Asperg ab. Bei den ersten Häusern biegen Sie scharf rechts ab in die Panoramastraße, wenden sich nach 200 Metern nach links und gelangen auf einem Fußweg zur Brühlstraße. In der Wilhelmstraße durchqueren Sie den Ort, kreuzen die verkehrsreiche Eglosheimer Straße und verlassen in der Osterholzer Straße (roter Punkt) sowie der rechts abzweigenden, ansteigenden Pflugfelder Straße den Ort. Am höchsten Punkt des niederen Hügelrückens erhebt sich rechter Hand der Großgrabhügel Kleinaspergle. An einer Weggabelung halten Sie sich rechts (blaues Kreuz) – der Weg nach links führt zum Naturfreundehaus Klein-Aspergle – in eine flache Senke, gehen am Ortsrand von Möglingen entlang und kehren entlang des Leudelsbachs zum Ausgangspunkt zurück.

Der keltische Grabhügel Kleinaspergle befindet sich in der Nähe des Hohenaspergs.

5

Zwei Radtouren im Strohgäu: Keltenweg und Glems-Mühlen-Weg

Von Ditzingen nach Markgröningen sowie von Ditzingen zur Enz und nach Bietigheim

■ **Ausgangspunkt**
Ditzingen

■ **Anfahrt**
Pkw: A 81, Dreieck Leonberg – Kreuz Weinsberg, Anschlussstelle 18 (Stuttgart-Feuerbach), Ditzingen liegt unmittelbar an der A 81
Bahn: Ditzingen ist Station an der S-Bahn-Linie S 6

■ **Streckenlängen / Fahrzeiten:**
Radtour 1 (Keltenweg)
33 km / 2 ½–3 Std.
Radtour 2 (Glems-Mühlen-Weg) 32 km / 2 ½ Std.

■ **Rückfahrt per S-Bahn**
Fahrt sowohl von der S-Bahn-Station Asperg als auch von der S-Bahn-Station Bietigheim mit der Linie S 5 nach Zuffenhausen möglich, dann umsteigen in die Linie S 6 nach Ditzingen

■ **Tourismus-Information**
Tel. 0 71 45/31-41,
www.markgroeningen.de
Tel. 0 71 41/69-21 9,
www.asperg.de

Auffällig in Schöckingen sind zahlreiche Fachwerkhäuser.

Beide Radtouren führen von der Kleinstadt Ditzingen durch das sanft gewellte Strohgäu und enden an einer S-Bahn-Station, sodass man bequem nach Ditzingen zurückkehren kann. Auf dem »Keltenweg« sind mehrere Anstiege von insgesamt ca. 400 Höhenmetern bis zur S-Bahn-Station Asperg zu bewältigen. Der »Glems-Mühlen-Weg« verläuft dagegen talabwärts entlang der Glems, unterbrochen von drei kurzen Anstiegen, zur Mündung in die Enz, von wo der Enztal-Radweg zur S-Bahn-Station Bietigheim führt.

Radtour 1 (Keltenweg)

Am Parkplatz der S-Bahn-Station Ditzingen halten Sie sich leicht links auf einen Fuß- und Radweg, kreuzen eine Durchgangsstraße und folgen der Wilhelmstraße. In der Leonberger Straße wenden Sie sich nach rechts, biegen am Neuen Rathaus links ab in eine Fußgän-

gerzone und kreuzen am Alten Rathaus die Hauptgeschäftsstraße. Von der Bauernstraße zweigt nach 100 Metern rechts ein Weg ab, der am Schlosspark entlang und durch eine Grünanlage zu einer Straßenkreuzung am Stadtrand führt. Sie wenden sich nach links (Radmarkierung: Keltenweg) über das Flüsschen Glems, durchqueren in Hirschlanden ein Wohngebiet und steigen leicht an zum Grabhügel des »Kriegers von Hirschlanden« mit dem Replikat einer lebensgroßen Stele, die einen mit einem Dolch bewaffneten Kelten mit Spitzhut und Halsreif darstellt.

Auf Wirtschaftswegen und einem Sträßchen erreichen Sie das hübsche Dorf Schöckingen, wo man bei Bauarbeiten auf das Grab einer sozial hochstehenden Keltin stieß, und gelangen über niedere Erhebungen hinweg nach Hochdorf. Vorbei an einem Barockschloss radeln Sie hinunter zur Hauptstraße und geradeaus in der Pulverdinger Straße zum Keltenmuseum (Di–Fr 9.30–12 und 13.30–17 Uhr, Sa und So 10–17 Uhr) am nördlichen Ortsrand. Im Museum ist die rekonstruierte Grabkammer eines erstaunlicherweise nicht von Grabräubern geplünderten Grabes eines keltischen Fürsten mitsamt den kostbaren Grabbeigaben ausgestellt. Sie kehren zurück in Richtung

Der »Krieger von Hirschlanden« (6. Jh. v. Chr.) ist die älteste Vollplastik nördlich der Alpen.

EINKEHR

■ **Schönbühlhof**
Gasthof Schönbühlhof, Mo Ruhetag
■ **Markgröningen**
u. a. das Traditionsgasthaus Zum treuen Bartel, Do Ruhetag
■ **Hohenasperg**
Schubartstube, Di–Sa ab 17, So ab 11 Uhr

41

Ortsmitte und biegen nach 200 Metern links ab zu dem am originalen Standort wieder aufgeschütteten Fürstengrabhügel, von dem aus der Hohenasperg zu sehen ist, einst vermutlich der Herrensitz des Bestatteten.

Wirtschaftswege führen zu den ersten Häusern von Schönbühlhof und Hardthof, wo Sie den markierten Keltenweg verlassen und links abbiegen in das Sträßchen Klingenweg, das in einem niedrigen Tal abwärts führt und im engen Tal der Glems in ein Sträßchen einmündet. Sie halten sich links, nach 150 Metern rechts über die Glems und steigen nach Markgröningen an. Durch das Untere Tor gelangen Sie in die Altstadt zum Marktplatz mit mehreren prächtigen Fachwerkhäusern wie dem Rathaus mit seinem unverschnörkelten »alemannischen« Fachwerk. Jahrhundertelang war die Stadt Treffpunkt der Schäferzunft und auf diese Versammlungen geht der traditionelle, im August abgehaltene Schäferlauf zurück.

Vom nördlichen, »oberen« Ende des Marktplatzes führt die Ostergasse zum östlichen Rand der Altstadt. Geradeaus auf der Straße in Richtung Asperg erreichen Sie die links abzweigende Zufahrtstraße zum Gebäudekomplex eines Krankenhauses, Behindertenheims und einer Behindertenschule. Die Straße führt hinauf zur Scheitelhöhe des Hügelrückens Hurst und als »Panoramasträßchen« zu einigen Häusern von Asperg und einer Straßenkreuzung. Geradeaus steigen Sie bergan zur ehemaligen Festung Hohenasperg (356 m), in der ein Strafvollzugskrankenhaus eingerichtet wurde. Die einstige Burg wurde im 17. Jahrhundert zu einer gewaltigen Festung erweitert, in der bis ins 19. Jahrhundert zahlreiche politisch Missliebige eingekerkert wurden. Sie verlassen die Festung auf dem gleichen Weg, biegen wenige Meter vor der Straßenkreuzung nach rechts in das Sträßchen Bergweg ab (Radmarkierung: Keltenweg) und gelangen in einem weiten Bogen um den Hohenasperg herum nach Asperg zur S-Bahn-Station.

Radtour 2 (Glems-Mühlen-Weg)
Am Weg liegen 19 traditionsreiche Mühlen, von denen die meisten noch in Betrieb sind, aber mittlerweile nicht

Das Strohgäu ist eine sanft gewellte Hügellandschaft.

Sowohl der Glems-Mühlen-Weg als auch der Keltenweg sind hervorragend ausgeschilderte Radwege.

mehr per Mühlrad angetrieben werden. Da Unterriexingen, der Endpunkt des Glems-Mühlen-Wegs, keinen Bahnanschluss hat und somit keine Möglichkeit zur Rückfahrt nach Ditzingen besteht, wird der Glems-Mühlen-Weg um 10 Kilometer auf dem Enztal-Radweg bis zur S-Bahn-Station Bietigheim verlängert.

Am Parkplatz der S-Bahn-Station Ditzingen halten Sie sich leicht links auf einen Fuß- und Radweg, kreuzen eine Durchgangsstraße und folgen der Wilhelmstraße. In der Leonberger Straße wenden Sie sich nach rechts, biegen am Neuen Rathaus links ab in eine Fußgängerzone und kreuzen am Alten (Fachwerk-) Rathaus die Hauptgeschäftsstraße. Von der Bauernstraße zweigt nach 100 Metern rechts ein Weg ab, der entlang des Schlossparks und durch eine Grünanlage zu einer Straßenkreuzung am Stadtrand führt. Geradeaus radeln Sie zwischen niederen Talhängen talabwärts nach Schwieberdingen, weichen zuvor allerdings zweimal auf den westlichen Talhang aus und sehen auf der Höhe von Hemmingen die von Bäumen etwas verdeckte Nippenburg an der jenseitigen Talkante. Auch von Schwieberdingen ist nicht viel zu sehen, denn die Radstrecke verläuft am Westufer der Glems, während sich das Ortszentrum östlich der Glems erstreckt. Für kunsthistorisch Interessierte lohnt ein Abstecher zur Stadtkirche Sankt Georg mit einem Langhaus aus dem 13. Jahrhundert, einem spätgotischen Chor von Peter von Koblenz, einer Kreuzigungsgruppe aus dem Jahr 1510 und Grabdenkmälern der Stifterfamilie von Nippenburg.

Im nun sehr engen Tal mit steilen, streckenweise felsigen Hängen folgen Sie unterhalb von Markgröningen einer quer verlaufenden Straße nach rechts über die Glems, biegen jedoch gleich wieder links ab auf ein schmales Talsträßchen. Möchte man einen Abstecher in die sehenswerte Altstadt von Markgröningen mit mehreren beeindruckenden Fachwerkhäusern machen, folgt man der Straße hangaufwärts. Weiterhin zwischen steilen Hängen führt das Talsträßchen, vorbei an der Spitalmühle und der

Auf dem Enztal-Radweg bei Unterriexingen

44

Unteren Mühle, in den Weiler Talhausen. Hier weicht der Weg nochmals auf den Talhang aus und passiert die oberhalb von Unterriexingen stehende Frauenkirche, eine alte Wallfahrtskapelle, die die Herren von Riexingen im 14. Jahrhundert erweitern ließen und zur Grablege der Familie bestimmten. Steil bergab fahren Sie nach Unterriexingen hinunter – hier endet der Glems-Mühlen-Weg – und halten sich rechts, überqueren die Enz und folgen nach rechts dem auf der breiten Talsohle verlaufenden Enztal-Radweg. Zunächst fahren Sie am Fuß von Weinbergen, anschließend zwischen Wiesen und Feldern sowie unmittelbar entlang des Ufers der Enz und erreichen so die kleine Ortschaft Untermberg. Dann überqueren Sie die Enz und fahren am Ortsrand von Bissingen mit der mehrstöckigen Rommelmühle entlang. Durch eine Parkanlage und Auwiesen gelangen Sie an den Stadtrand von Bietigheim und folgen kurz vor einer Enzbrücke nach rechts der Wobachstraße zur erhöht gelegenen S-Bahn-Station.

An der Enz kurz vor (Bietigheim-)Bissingen

Aus dem 19. Jahrhundert stammt der bei Bietigheim errichtete Eisenbahn-Viadukt über die Enz.

6

Vier-Täler-Radtour am Mittleren Neckar

Von Besigheim durch die Täler von Neckar, Murr, Bottwar und Schozach

■ **Ausgangspunkt**
Besigheim

■ **Anfahrt**
Pkw: A 81, Dreieck Leonberg – Kreuz Weinsberg, Anschlussstelle 13 (Mundelsheim); in Besigheim nach Überqueren der Neckarbrücke nach links der B 27 folgen und kurz vor einem Tunnel links abbiegen, kurz darauf erneut nach links zum Parkplatz am Freibad
Bahn: Besigheim ist Station an der Linie Stuttgart – Heilbronn

■ **Streckenlänge / Fahrzeit**
80 km / 5–6 Std.

■ **Tourismus-Information**
Touristikgemeinschaft 3 B, Tel. 0 71 42/74-22 7, www.3b-tourismus.de

Eine lange, aber recht bequeme, abwechslungsreiche und bestens markierte Rundtour durch Weinanbaugebiete. Aber auch kulturhistorisch Interessierte kommen nicht zu kurz: Besigheim und Marbach am Neckar mit dem Deutschen Literaturmuseum sind ma-

lerische Fachwerkstädtchen, Steinheim beherbergt ein Urmensch-museum, Lauffen am Neckar bietet ein Friedrich-Hölderlin-Museum und die Regiswindiskirche mit einem Beinhaus. Falls diese Rundtour zu lang sein sollte: Nur 21 Kilometer lang ist eine Radtour im Bottwartal, die von Steinheim an der Murr talaufwärts nach Beilstein und auf dem gleichen Weg wieder zurück nach Steinheim führt.

An Neckar und Murr nach Steinheim an der Murr Vom Parkplatz am Freibad Besigheim radeln Sie neckaraufwärts, überqueren unterhalb der Hessigheimer Weinberge den Fluss und erreichen nach einem kurzen Anstieg in Hessigheim wieder den Neckar. Unmittelbar vor der Neckarbrücke wenden Sie sich nach links, gelangen über Mundelsheim nach Pleidelsheim und überqueren den Neckar. Am Ortsbeginn von Großingersheim biegen Sie links ab und erreichen auf Höhe von Freiberg-Geisingen wieder das Flussufer. Hier ist der »alte« Neckar in trockenen Sommern so wasserarm, dass man zwischen den Felsplatten des Flussbetts baden kann. Wenig später führt die Route bei Beihingen sowohl über den »alten« als auch den kanalisierten Neckar und zwischen Obstgärten am Fuß von Weinbergen nach Benningen, wo Sie den Fluss überqueren und am Ortsende wieder zum anderen Neckarufer wechseln. Unterhalb von Marbach am Neckar halten Sie sich auf der Talstraße links, biegen nach 500 Metern an der Mündung des Flüsschens Murr in den Neckar rechts ab und erreichen im breiten Murrtal bequem das Städtchen Steinheim an der Murr.

Abstecher in die Altstadt von Marbach am Neckar
Am Neckarsteg geradeaus in der ansteigenden Schillerstraße zum kleinen Cottaplatz, wo nach rechts die Niklastorstraße – im Haus Nummer 31 wurde 1759 Friedrich Schiller geboren – in die malerische Altstadt hinaufführt: Stadtmauer und Tortürme, öffentliche Gebäude, prächtige Fachwerkhäuser und bescheidene Fachwerkhäuschen. Das Schiller-Literaturmuseum steht außerhalb der Altstadt an der Kante des Neckartals.

Steinheim an der Murr und die Weinregion Bottwartal Auf einer Bogenbrücke überqueren Sie die Murr, passieren ein Urmenschmuseum und erreichen den Marktplatz mit einem Fachwerk-Rat-

Der ehemalige Bahnhof Schozach am Radweg durch das Schozachtal wurde in eine Gartenwirtschaft umgewandelt.

In der Burgruine Beilstein finden die Flugvorführungen einer dort ansässigen Falknerei statt.

haus und einem wappenge-schmückten Brunnen. Wer sich für die Evolution des Menschen interessiert, besucht das Urmensch-museum. Grund für die Einrichtung des Museums war die Entdeckung der Überreste eines Urmenschen, des Homo steinheimensis, in einer Steinheimer Kiesgrube. Eine weitere Abteilung beherbergt Funde und Nachbildungen ausgestorbener Tierarten, die während der Eiszeiten in Mitteleuropa lebten. Vom Marktplatz folgen Sie nach links der Ortsdurchfahrt 300 Meter weit und biegen rechts ab in eine Wohnstraße, die in einen Fuß- und Radweg auf der Trasse einer Bahnlinie übergeht. Entlang des Flüsschens Bottwar führt der Weg nach Klein- und Großbottwar, einem historischen Weinort mit verwinkelten Sträßchen und einem Fachwerk-Rathaus im Stil der Renaissance (1556). Kurz hinter Oberstenfeld passieren Sie ein Freibad und erreichen den Weinort Beilstein mit der imposanten Burgruine Hohenbeilstein, in der sich ein fünfeckiger Bergfried erhebt; im Burghof finden die Vorführungen einer Falknerei statt.

Von der einfachsten Route durch Beilstein auf der Hauptstraße ist wegen des Autoverkehrs abzuraten. Stattdessen biegen Sie am Ortseingang an der Straßenkreuzung, an der man nach rechts zur Burg hochfährt, links ab und folgen der ersten rechts abzweigenden Seitenstraße. Auf den Asphalt gemalte Pfeile weisen den Weg zur Straße Beilstein – Ilsfeld.

Das Schozachtal und der Neckar bis Lauffen Über eine niedere Erhebung gelangen Sie in das zunächst breite, flache Schozachtal und nach Ilsfeld. Am Ortsende beginnt ein sehr schöner Streckenabschnitt durch das Schozachtal: Auf der nun schmalen Sohle des windungsreichen, zunächst bewaldeten Tals verläuft der Weg auf der Trasse einer ehemaligen Schmalspur Bahnlinie, führt am ehemaligen Bahnhof Schozach vorbei und durch den Weinort Talheim nach Horkheim im Neckartal. Hier folgen Sie nach links der Radmarkierung des Zabergäu-Wegs, überqueren wenig später an einer Schleuse den Neckar-Kanal, gleich darauf beim Weinort Klingenberg den »alten« Neckar und folgen nach links dem Neckar-Radweg. Der Weg führt durch Nordheim und in leichtem Auf und Ab zwischen Weinfeldern nach Lauffen am Neckar. Die Kleinstadt besteht aus dem »Städtle« mit den Resten der mittelalterlichen Stadtbefestigung am östlichen Talhang und aus dem »Dorf« westlich des Flusses, dem heutigen Ortszentrum mit der Regiswindiskirche. Die Kirche mit der Regiswindiskapelle und einem Beinhaus mit dem Regiswindis-Sarkophag wurde zu einem Pilgerziel, denn der Legende nach wurde die Grafentochter Regiswindis im Kindesalter auf Geheiß des Grafen im Neckar ertränkt und Tage später mit ausgebreiteten Armen wie der Gekreuzigte aus dem Neckar geborgen.

Über Kirchheim am Neckar nach Besigheim Kurz nach dem Ortsende von Lauffen fahren Sie bequem am Neckar entlang – linker Hand Weinberge am felsigen Steilufer, in Fahrtrichtung das Kernkraftwerk Neckarwestheim – und gelangen nach einer Flussschleife, in der sich Weinberge am Hang hochziehen, nach Kirchheim am Neckar. Durch ein Tor der einstigen Stadtbefestigung erreichen Sie das kleine Ortszentrum, biegen nach links ab und gelangen entlang einer Bahnlinie, durch Walheim und über eine Enz-Straßenbrücke – hier mündet die Enz in den Neckar – nach Besigheim. Nach links kehren Sie zum Ausgangspunkt zurück.

Bild links unten: Gartenwirtschaft am Neckar unterhalb des malerischen Städtchens Marbach am Neckar.

Bild rechts unten: Giebelfront in der Altstadt von Marbach am Neckar

7

Radtour von Backnang durch das Tal der Murr zum Waldsee

Murrhardt mit einem romanischen Kleinod und ein Badesee

■ Ausgangspunkt
Backnang

■ Anfahrt
Pkw: A 81, Dreieck Leonberg – Kreuz Weinsberg, Anschlussstelle 13 (Mundelsheim); über Großbottwar und Aspach nach Backnang, Parkplatz beim Mineralfreibad am östlichen Ortsrand in Richtung Steinbach
Bahn: Backnang ist Station an der S-Bahn-Linie 3

■ Streckenlänge / Fahrzeit
42 km / 3–3 ½ Std.

■ Tourismus-Information
Backnang,
Tel. 0 71 91/8 94-2 56,
www.backnang.de
Murrhardt,
Tel. 0 71 92/2 13-7 77,
www.murrhardt.de

Nordöstlich von Stuttgart erstreckt sich der Naturpark Schwäbisch-Fränkischer Wald, eines der größten Waldgebiete Süddeutschlands. Die bequeme, familienfreundliche Radtour mit nur einem längeren Anstieg führt durch das Murrtal, ein breites Wiesental, über die Kleinstadt Murrhardt mit der romanischen Walterichskapelle zum Waldsee, einem Badesee mit kleinem Sandstrand, Bootsverleih und Gaststätte.

Über Oppenweiler und Sulzbach an der Murr nach Murrhardt
Vom Mineralfreibad am Ortsrand von Backnang radeln Sie im hier engen Tal stadtauswärts entlang der Murr, halten sich auf einer nach Steinbach führenden Straße rechts und folgen kurz darauf einer links abzweigenden Straße. Über eine niedrige Anhöhe – der einzige nennenswerte Anstieg auf der Tour – gelangen Sie über die Ortschaft Zell in die zusammengewachsenen Orte Aichelbach und Oppenweiler. Oberhalb von Oppenweiler thront die Burg Reichenberg, die mittlerweile als evangelisches Landheim für Frauen genutzt wird. Bequem talaufwärts, vorbei an den Höfen von Reichenbach an der

Fachwerkhäuser und Stadt-turm am Marktplatz von Backnang

50

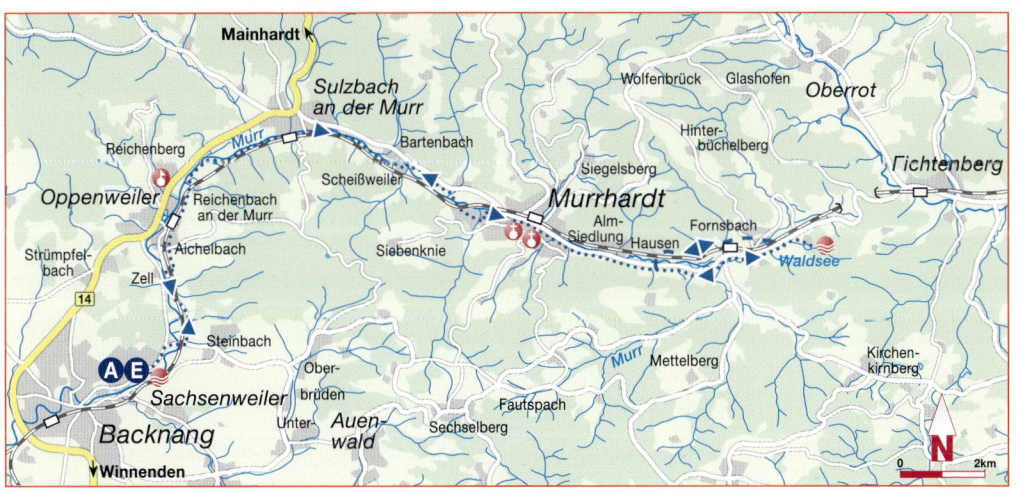

EINKEHR

■ **Murrhardt**
Cafe am Klosterhof, Mo–
Sa ab 9, So ab 13 Uhr
■ **Fornsbach**
Landgasthof Krone, Di
Ruhetag, im Oktober
auch Mo Ruhetag
■ **Am Waldsee**
Gaststätte Pfizenmaiers
Kulinarium, Di Ruhetag

*Terrassierter Talhang der
Murr östlich von Steinheim
an der Murr*

*Die Burg Reichenbach ober-
halb von Oppenweiler*

Murr und durch Sulzbach an der Murr, führt der Radweg in die Ortschaft Schleißweiler. Hier wenden Sie sich nach links über das Flüsschen und erreichen entlang der Talstraße den Rand der Kleinstadt
Murrhardt. Den Radmarkierungen folgen Sie durch ein Wohngebiet
in die Stadt zu einer Grünanlage am Rand der Altstadt. Nach links
gelangen Sie in den einstigen Klosterbezirk mit der ehemaligen Klosterkirche. Um das Jahr 1230 wurde an den Nordturm der Klosterkirche die romanische Walterichkapelle angebaut, die aufgrund der or-
namentalen Ausschmückung von Portal und Apsis als bedeutendes
romanisches Kleinod gilt. Vom einstigen Kloster sind außer der Kirche noch Reste der Umfassungsmauer sowie der Langbau, in dem
sich das Café Klosterhof befindet, und die Zehntscheuer erhalten.
Rechter Hand steht etwas erhöht die Walterichskirche, unter deren
Fußboden das Grab des Einsiedlers Walterich entdeckt wurde, der
hier gelebt und vermutlich um das Jahr 800 das Kloster am Fuß des
Hügels gegründet hatte.

Über Fornsbach zum Waldsee Am Marktplatz mit dem Naturpark-zentrum Schwäbisch-Fränkischer Wald (Mo, Di und Do 10–12.30 und 14–17 Uhr, Sa und So 10–12 und 14–16 Uhr) folgen Sie nach rechts der Hauptstraße und den Radmarkierungen in den Stadtteil Alm-Siedlung. Dort kreuzen Sie am Kindergarten den längst verschwundenen obergermanischen Limes. Dieser Limes war eine schnurgerade, mit Wachttürmen und Kastellen versehene Palisade, die von Miltenberg am Main über Walldürn, Öhringen, Murrhardt und Welzheim nach Lorch führte, dort nach Osten abknickte und sich als 3 m hohe Rätische Mauer über das Altmühltal zur Donau fortsetzte. Errichtet wurde diese über 500 Kilometer lange Grenzbefestigung im 2. Jahrhundert n. Chr. von römischen Truppen, um umherziehende Germanenscharen daran zu hindern, in das römisch besetzte Südwestdeutschland vorzudringen. Im Schwäbisch-Fränkischen Wald sind der einstige Limes als niedriger Wall und die Fundamente zahlreicher Wachttürme noch häufig zu sehen, und mancherorts wie in Lorch, bei Grab oder in Walldürn wurden die Palisade bzw. Wachttürme rekonstruiert.

Der Waldsee bei Fornsbach, ein beliebtes Ausflugsziel

Auf wenige Kilometer Länge verengt sich das Tal, sodass neben der Murr gerade noch Raum bleibt für die Straße und die Bahnlinie Backnang – Gaildorf – Schwäbisch Hall. In der Ortschaft Hausen hat man die Wahl: Entweder nach rechts zur Talstraße abbiegen und einem Radweg an der Straße folgen, oder – wer es autofrei haben möchte – am Talhang nach links kurzzeitig ansteigen und dann weiter auf einem Wirtschaftsweg nach Fornsbach. Kurz nach der Kirche in Fornsbach halten Sie sich an einer Straßengabelung rechts in die Schäferstraße, folgen am Ortsende der Durchgangsstraße wenige hundert Meter weit zur Abzweigung der Waldsee-Zufahrt und gelangen kurz darauf zum Waldsee. Auf dem gleichen Weg kehren Sie an Ihren Ausgangspunkt zurück, nun allerdings sehr bequem talabwärts.

8 Die Berglen bei Winnenden: Wanderung nach Bürg

Ruhiges Wandern in bewaldetem Hügelland

■ **Ausgangspunkt**
Erlenhof

■ **Anfahrt**
B 14 Waiblingen – Win-
nenden, in Winnenden
rechts abbiegen und
ca. 5 km weit in Richtung
Oppelsbohm zum Park-
platz bei den Sportanla-
gen von Steinach-Erlenhof

■ **Streckenlänge / Fahr- und
Gehzeit**
13 km / ca. 4 Std.

■ **Tourismus-Information**
Winnenden,
Tel. 0 71 95/1 30,
www.winnenden.de

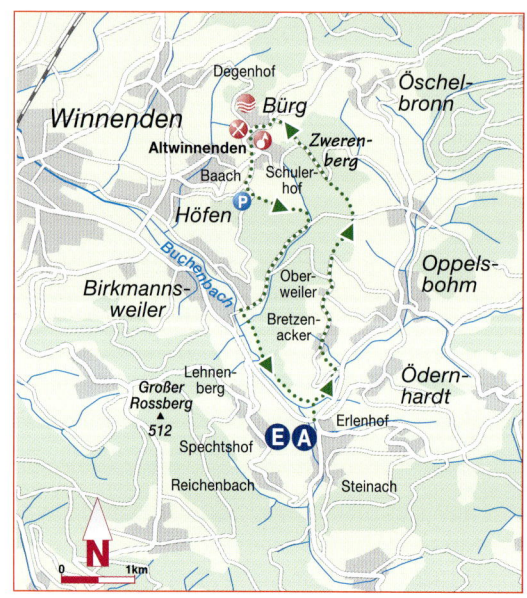

Das kleine Gebiet Berglen, das nicht mehr zum Remstal, aber auch noch nicht so richtig zum Schwäbisch-Fränkischen-Wald gehört, liegt abseits der großen Verkehrsströme. Deshalb wird man nicht allzu vielen Wanderern begegnen, obwohl sich die sanft gewellte Hügellandschaft mit den Einzelhöfen und ruhigen Dörfern gut zum Wandern eignet. An Wochenenden wird der kleine, erhöht gelegene Ort Bürg allerdings von zahlreichen Besuchern aufgesucht.

Langer Anstieg nach Bürg Am Parkplatz bei den Sportplätzen von Steinach-Erlenhof beginnt rechts am Sportplatz ein Fußweg, auf dem Sie die Talsohle sowie den Buchenbach überqueren und nach rechts einem Wirtschaftsweg am Fuß des bewaldeten Talhangs folgen. Nach einigen hundert Metern kreuzen Sie schräg nach links eine nach Bretzenacker hinaufführende Straße und steigen auf einem für den Kfz-Verkehr gesperrten, kurvenreichen Weg zwischen Wiesen steil bergauf in den Weiler Bretzenacker. Geradeaus auf der Ortsdurchfahrt gehen Sie weiter nach oben, halten sich an einer Straßengabelung geradeaus in die Zeisigstraße und passieren auf der schmalen, streckenweise steil ansteigenden Straße – schöner Blick auf das Tal des Buchenbachs und den Ort Oppelsbohm – die wenigen Häuser von Oppenweiler. In einer scharfen Rechtskurve halten Sie sich geradeaus auf einen Waldweg, verlassen den Wald nach wenigen Minuten wieder und folgen einem in leichtem Auf und Ab am Waldrand verlaufenden Weg. Wieder im Wald, biegen Sie nach 15 Metern links ab auf einen gut ausgetretenen Pfad, der entlang eines alten Hohlwegs recht steil ansteigt und auf der Scheitelhöhe des Zwerenberges in einen Forstweg einmündet. Geradeaus gelangen Sie an den Waldrand, und durch eine niedrige Senke erreichen Sie zwischen Obstwiesen die Straße Bürg – Öschelbronn. Nach links führt ein Fuß- und Radweg in die kleine Ortschaft Bürg, wo Sie nach 250 Metern in der Straße Am Burggraben das Hotel-Restaurant Schöne Aussicht erreichen. Das Restaurant steht an der Stelle des ehemaligen Burghofs von Altwinnenden; von der Burg blieb nur der mächtige Bergfried mit 3 m dicken Mauern aus Buckelquadern übrig.

Abstieg in das Tal des Buchenbachs In der Straße Am Burggraben gehen Sie weiter, halten sich nach 50 Metern rechts (Markierung: roter Balken mit »F« des Georg-Fahrbach-Wegs) und steigen am steilen Wiesenhang über Treppenstufen ab. Zweimal kreuzt der Weg die Straße Bürg – Höfen und führt anschließend als Asphaltweg zu einer Wegkreuzung. Nach links (roter Balken), vorbei an einem Wanderparkplatz, folgen Sie dem Weg entlang des Waldrandes und halten sich unmittelbar vor der Brücke über ein Bächlein rechts (roter Balken). Wenig später stoßen Sie auf einen Forstweg, der entlang des Baches stetig fällt und am Ortsrand von Birkmannsweiler in eine Straße einmündet. Nach links führt die Straße vollends auf die Talsohle des Buchenbachs hinunter. Kurz darauf biegen Sie links ab auf einen Wirtschaftsweg (Radmarkierung: Berglen), der am Fuß des bewaldeten Talhangs in leichtem Auf und Ab verläuft. Sie passieren die Neumühle und biegen nach einer Kläranlage rechts ab zu Ihrem Ausgangspunkt.

EINKEHR
■ **Bürg**
Gepflegtes Hotel-Restaurant Schöne Aussicht mit Aussichtsterrasse, kein Ruhetag

Der einstige Bergfried der verschwundenen Burg Alt-Winnenden in Bürg

Von Bürg bietet sich ein schöner Ausblick.

Die kleine Ortschaft Bürg liegt auf einem Hügelrücken in der Region Berglen.

57

9

Zwei Wanderungen aus dem Remstal auf die Höhen nördlich der Rems

Von Korb und von Grunbach durch Weinberge auf die bewaldete Buocher Höhe

■ **Ausgangspunkte**
Korb und Grunbach

■ **Anfahrt Korb**
B 14 Stuttgart – Winnenden, Ausfahrt Korb; im Ortszentrum abbiegen in die Winnender Straße (Ortsdurchfahrt), kurz vor Ortsende in Richtung Winnenden/Schwaikheim ist ein Parkplatz in der Seitenstraße Hettlenweg
■ **Anfahrt Grunbach**
Pkw: B 29 Waiblingen – Schwäbisch Gmünd, Ausfahrt Remshalden-Grunbach; kleiner Parkplatz an der Kirche
Bahn: S-Bahn-Linie S 2, Station Grunbach

■ **Streckenlänge / Fahr- und Gehzeit**
Wanderung 1 (Korb)
13 km / 3 ½–4 Std.
Wanderung 2 (Grunbach)
14 km / ca. 4 Std.

■ **Tourismus-Information**
Korb, Tel. 0 71 51/93 34-0,
www.korb.de
Remshalden,
Tel. 0 71 51/97 31-0,
www.remshalden.de

Spätherbstliche Abendstimmung: Weinberg im Remstal

Die Wanderungen beginnen in Korb, der zweitgrößten Weinbaugemeinde des Remstals. Sie führen zu drei mehr als 400 m hohen »Köpfen«, wie die in das Remstal vorspringenden Bergkuppen mit Weinbergen an den Hängen und Wald auf den Gipfeln genannt werden. Diese Kuppen bilden den westlichen Rand des fast bis Schorndorf reichenden Waldgebiets Buocher Höhe. Anstrengender ist die vom Weinort Grunbach auf die Buocher Höhe führende Wanderung aufgrund zweier Anstiege, u. a. zum Großen Rossberg (512 m), einer der höchsten Erhebungen der Buocher Höhe.

Wanderung 1 (Korb)
Zum Korber Kopf und Schützenhaus Vom Parkplatz in Korb gehen Sie auf der Ortsdurchfahrt nach rechts in das Ortszentrum

und wenden sich an der alten Kelter nach links in die Fußgängerzone Kirchstraße. Am Fachwerk-Rathaus folgen Sie nach links der leicht ansteigenden J.-F.-Weishaarstraße (Markierung: rotes Kreuz) zum Ortsrand, halten sich geradeaus auf einen asphaltierten Weinbergweg und biegen nach 20 Metern links ab (rotes Kreuz) auf eine Weinbergtreppe ab. Der markierte Weg steigt zum Waldrand an, wo Sie sich nach rechts wenden (rote Rebe des Württembergischen Weinwanderwegs, »Rw« des Remswegs) und durch Wald einen Aussichtspunkt unterhalb des Korber Kopfs erreichen. Der Weg geht in einen Asphaltweg mit Schautafeln zu den geologischen Gegebenheiten am Korber Kopf über und kreuzt die Straße Korb – Hanweiler (rotes Kreuz). Nach wenigen Metern wenden Sie sich an einem Parkplatz nach rechts (rotes Kreuz, rote Rebe), halten sich nach 25 Metern an einer Gabelung links und erreichen zwischen Obstwiesen die Gaststätte Schützenhaus.

Über den Kleinheppacher Kopf nach Kleinheppach Anstatt an der Gaststätte dem markierten Weg auf den Hörnleskopf zu folgen, bleiben Sie auf dem Asphaltweg und gelangen oberhalb der Weinberge auf dem »Panoramasträßle« zum Waldrand. Die Markierungen (rote Rebe, »Rw« und »RM« des Rems-Murr-Wanderwegs) führen etwa 1,5 Kilometer weit durch Wald zum Bergsporn Kleinheppacher Kopf (440 m) mit einem Gefallenen-Ehrenmal, einem Spielplatz und einer Grillhütte. Wenig später führt der Weg entlang der Kleinheppacher Weinberge hinab zu einem asphaltierten Querweg (roter Balken des Georg-Fahrbach-Wegs), dem Sie nach rechts durch die Weinberge in Richtung Kleinheppach folgen. Kurz vor dem Ort wenden Sie sich an einem Teich nach links zum Ortsrand und biegen am Friedhof rechts ab (»RM« und Markierung des Jakobswegs: Muschel auf blauem Grund) zur Straße Kleinheppach – Korb. Sie gehen in Richtung Kirche und folgen nach 100 Metern in einer Straßenkurve nach rechts einer Wohnstraße (keine Markierung). Vom Ortsrand führt ein parallel zur Straße Kleinheppach – Korb verlaufender Asphaltweg nach Korb. Stets ge-

EINKEHR
WANDERUNG 1:
■ **Kurz vor dem Hörnleskopf**
Gaststätte Schützenhaus mit Biergarten, Mo–Fr ab 14, Sa ab 11, So ab 10 Uhr
■ **Kleinheppach**
Gaststätte Krone, Di Ruhetag

WANDERUNG 2:
■ **Grunbach**
Landgasthof Hirsch, Fr Ruhetag
■ **Gundelsbach**
Traditionelles Gasthaus Im Krug zum grünen Kranze, kein Ruhetag
■ **Breuningsweiler**
Höhenrestaurant Käfer, Di Ruhetag
Beim ■ **Großen Rossberg**
Waldschänke Buocher Höhe mit Biergarten, Mo und Di Ruhetag

Weinberg am Korber Kopf radeaus gelangen Sie durch ein Industrie- und Gewerbegebiet in das Ortszentrum und zurück zum Ausgangspunkt.

Wanderung 2 (Grunbach)
Anstieg zur Kreuzeiche Einige schöne Fachwerkhäuser prägen die Ortsmitte von Grunbach, u. a. drei ehemalige Keltern und der Gasthof Hirsch, der vermutlich älteste im Remstal. Sehenswert ist auch die Kirche St. Dionysius und Veranus, die an Schießscharten im Turm und an der umgebenden Stützmauer als einstige Wehrkirche zu erkennen ist; in die Mauer eingelassen ist eine »Karräsperle« genannte Arrestzelle.

Vom Parkplatz an der Kirche folgen Sie der leicht fallenden Lederstraße zum Ortsrand und gelangen am Fuß von Weinbergen auf einem leicht ansteigenden Fahrweg (keine Markierung) in den etwas abgelegenen Weiler Gundelsbach. Nach rechts (blauer Punkt) steigen Sie in der Gundelsbacher Straße, wenig später auf einem Forstweg entlang des Gundelsbachs leicht bergauf. An drei kurz aufeinander folgenden Weggabelungen halten Sie sich jeweils rechts (blauer Punkt) und erreichen auf dem Forstweg »Post-Straße« die Wegkreuzung »Kreuzeiche« – mit Schutzhütte, Grill- und Spielplatz – auf der Scheitelhöhe der Buocher Höhe.

60

Durch das Tal des Zipfelbachs nach Breuningsweiler Geradeaus folgen Sie dem Weg »Hanweiler Sträßle« (blauer Punkt) und nach 100 Metern einem rechts abzweigenden Forstweg ca. 1 Kilometer weit. Kurz vor einer Linkskurve des Weges biegen Sie scharf rechts ab auf einen Pfad (blauer Punkt), halten sich nach 10 Metern an einer Gabelung links und steigen in das Tal des Zipfelbachs hinunter. Auf der Talsohle führt ein Asphaltweg am kleinen Weinort Hanweiler vorbei, überquert den Zipfelbach und mündet an einem Sägewerk in einen entlang des Zipfelbachs verlaufenden Asphaltweg. Sie wenden sich nach rechts (Radmarkierung Buoch, Breuningsweiler) und an einer von Hecken umschlossenen Kläranlage zweigt links ein recht steil ansteigender Weg ab (keine Markierung), der in das auf etwa 450 Meter Höhe gelegene Straßendorf Breuningsweiler führt. Geradeaus in der Sonnenbergstraße erreichen Sie die Ortsdurchfahrt (Buocher Straße). Wenn Sie in dem in Aussichtslage stehenden Höhenrestaurant Käfer einkehren möchten, biegen Sie auf der Ortsdurchfahrt nach links ab.

Über den Großen Rossberg und Buoch nach Grunbach Zur Fortsetzung der Wanderung folgen Sie der Ortsdurchfahrt nach rechts (blauer Balken), kreuzen die Straße Breuningsweiler – Buoch und steigen recht steil an zum Großen Roßberg (512 m) sowie zur Waldschänke »Buocher Höhe«. Anhand der Markierung (roter Balken des Georg-Fahrbach-Wegs) passieren Sie einen Reiterhof und erreichen den ruhigen Ort Buoch. Dies war nicht immer so: Im 19. Jahrhundert war der auf einer ausgedehnten Rodungsinsel mitten im Wald liegende Ort ein kulturelles Zentrum, denn hier trafen sich Künstler wie die Maler Johannes Woelffle und Karl Fuchs, die Schriftsteller Rudolf Kausler, Hermann Kurz und Berthold Auerbach, Ottilie Wildermuth, Nikolaus Lenau und der Dialektdichter Eduard Hiller. Informationen hierzu bietet das »Museum im Hirsch« (Sa 14–16, So 10–12 und 14–16 Uhr). An der Hauptkreuzung wenden Sie sich nach rechts, biegen gleich wieder links ab (blauer Balken) und folgen dieser Markierung bergab zwischen Obstwiesen, durch Wald und anschließend entlang des Grunbachs. Auf Höhe eines Sportplatzes geht der Weg in die Buchhaldenstraße über, die in Grunbach in die Ortsdurchfahrt einmündet, auf der Sie zu Ihrem Ausgangspunkt zurückkehren.

Blick auf den Weinort Korb

10

Zwei Wanderungen aus dem Remstal in die Weinberge südlich der Rems

Von Endersbach und von Stetten in den Weinort Strümpfelbach

■ **Ausgangspunkte**
Endersbach und Stetten

■ **Anfahrt Endersbach**
Pkw: B 29 Waiblingen –
Schorndorf, Ausfahrt
Weinstadt und 1,5 km
zum Parkplatz an der
S-Bahn-Station Enders-
bach. **Bahn:** S-Bahn-Linie
S 2, Station Endersbach.
■ **Anfahrt Stetten:** B 29
Waiblingen – Schorndorf,
Ausfahrt Weinstadt und
3 km nach Stetten; in der
Ortsmitte kleiner Park-
platz in einer Seiten-
straße schräg gegenüber
der evangelischen Kirche
(Ausschilderung: Karl-
Mauch-Schule)

■ **Streckenlänge /
Fahr- und Gehzeit**
Wanderung 1 (Endersbach)
10 km / 3 Std.
Wanderung 2 (Stetten)
8 km / knapp 3 Std.

■ **Tourismus-Information**
Tourismusverein
Remstal-Route,
Tel. 0 71 51/2 76 50 47,
www.remstal-route.de
Kernen im Remstal,
Tel. 0 71 51/40 14-0,
www.kernen.de

Eines der bekanntesten Weinanbaugebiete in Württemberg ist das Remstal mit Wärme speichernden Keuperböden und somit idealen Voraussetzungen für den Weinanbau, sodass sich hier rund 20 Weinbaugemeinden entwickelt haben.   Wie sehr die Remstal-Weinberge geschätzt werden, ist u. a. daran zu sehen, dass das einstige Herrscherhaus Württemberg heute immer noch die Lage »Stettener Brotwasser« besitzt. In den gepflegten Dörfern mit teilweise prächtigen Fachwerkhäusern wie beispielsweise in Strümpfelbach wird in traditionsreichen Gasthäusern und Weinstuben der heimische Wein ausgeschenkt – nicht verwunderlich, dass an sonnigen Wochenenden die Gaststätten gut besucht sind. Wer dem Trubel ausweichen möchte, macht sich an einem Werktag auf den Weg.

Wanderung 1 (Endersbach)
Über das Käppele auf den Hirschkopf An der S-Bahn-Station Endersbach überqueren Sie nach rechts den Parthenaiser Platz und fol-

gen der Theodor-Heuss-Straße (Markierung: roter Balken) zu einer Stoppstelle. Auf der anderen Straßenseite halten Sie sich rechts in die Schulstraße, biegen nach 50 Metern links ab (blauer Punkt bis auf den Hirschkopf) auf einen Fußweg und folgen der Markierung zum Ortsrand. Vorbei an einem Weingut mit Besenwirtschaft erreichen Sie am Fuß der Weinberge das Käppele. Hier stehen die Mauern eines Gebäudes mit einem modernen Pultdach. Vermutlich handelt es sich um die Überreste einer kleinen Wallfahrtskirche oder -kapelle, denn Käppele ist die schwäbische Verballhornung des Wortes Kapelle. In den Weinbergen am Nordhang des Sonnenbergs führt der Weg recht steil bergauf und an den Westhang zu einer sogenannten Schützenhütte, wo einst während der Weinlese die Feldschützen darüber wachten, dass sich niemand unerlaubterweise in den Weinbergen zu schaffen machte. Von diesem kleinen, turmartigen Gebäude genießt man einen wunderbaren Blick auf Strümpfelbach und das Remstal. Weiter bergauf verlassen Sie die Weinberge und gelangen auf einem Waldweg (zusätzliche Markierung: rote Rebe des Württembergischen Weinwanderwegs) zum Aussichtpunkt Hirschkopf, von dem der Blick bis zum Neckartal reicht.

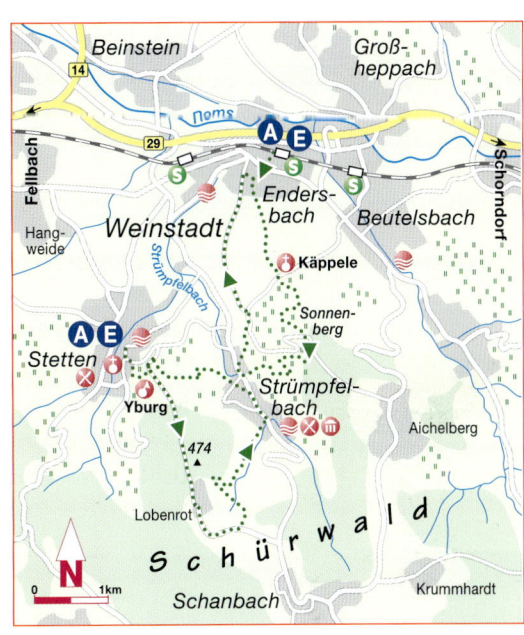

Bild links: Strümpfelbach, eines der schönsten Winzerdörfer in Württemberg

Ein Skulpturenpfad und Strümpfelbach Nach 100 Metern wenden Sie sich nach rechts und steigen in den Weinbergen (rote Rebe) auf dem von Plastiken gesäumten »Skulpturenpfad« hinunter in den Weinort Strümpfelbach. Der Weg wurde auf Anregung der in Strümpfelbach in dritter Generation lebenden Bildhauerfamilie Nuss angelegt. Im Nuss-Museum in Strümpfelbach (geöffnet am 1. Sonntag des Monats 14–16 Uhr) erfährt man Näheres über diese Künstlerfamilie. Am Ortsrand wenden Sie sich nach links in die Straße St.-Urban-Weg und biegen an der Neuen Kelter rechts ab zur Hauptstraße. Wer sich das Fachwerk-Rathaus ansehen möchte, folgt der Ortsdurchfahrt nach links. Mit Dutzenden von Fachwerkhäusern aus dem 16./17. Jahrhundert gilt das Dorf als eines der malerischsten Winzerdörfer in Württemberg. Auf der Hauptstraße gehen Sie talabwärts, biegen beim Backhäusle rechts ab in die Endersbacher Straße (blaues Kreuz) und passieren die große, einzeln am Fuß der Wein-

EINKEHR

■ **Strümpfelbach**
Traditionsreiches Gasthaus Hirsch mit eigenem Fasswein, Mi–So 11.30–14.30 und ab 17 Uhr).
Weinstube Gretle, Mo–Fr ab 16, Sa/So ab 11 Uhr, Do Ruhetag.

■ **Am Ortsrand Strümpfelbach**
Besenwirtschaft Sonna-Besa, geöffnet März und Nov.

■ **Stetten**
Weinstube/Restaurant Idler, Mo Ruhetag

berge stehende Endersbacher Kelter. Zwischen Feldern und Obstwiesen gelangen Sie bequem nach Endersbach, wenden sich nach rechts zur evangelischen Kirche und kehren zur S-Bahn-Station zurück.

Wanderung 2 (Stetten)

Von Stetten nach Lobenrot In Stetten wenden Sie sich vom Parkplatz nahe der evangelischen Kirche in der Kirchstraße nach links bergauf, biegen nach 25 Metern links ab in die Steigstraße (Ausschilderung: Strümpfelbach/Lobenrot) und folgen nach 200 Metern rechts abzweigenden Treppenstufen (Markierung: blauer Punkt), die in einem Weinberg recht steil hochführen zu der inmitten von Rebstöcken in Aussichtslage stehenden Burgruine Yburg. Die Burg wurde im 14. Jahrhundert vom Ortsadel erbaut, der jedoch noch im selben Jahrhundert in ein neu errichtetes Schloss im Tal umzog. Nur wenige massige Mauern sind von der Burg erhalten. Vom 17. bis 19. Jahrhundert diente das Schloss dem Herrscherhaus Württemberg als Witwensitz; heute werden hier Behinderte betreut und ausgebildet. Sie gehen links an der Burgruine vorbei, folgen einem ansteigenden Weinbergweg nach rechts zum Waldrand und einem Sträßchen nach links. Wenig später biegen Sie rechts ab (blauer Punkt) auf einen ansteigenden Forstweg und erreichen Lobenrot, eine aus einem Weiler entstandene Wohnsiedlung.

Am »Skulpturenpfad« oberhalb von Strümpfelbach

Über Strümpfelbach nach Stetten Sie gehen am Ortsrand von Lobenrot entlang zum Ende des Forstwegs, biegen kurz nach links ab und folgen nach rechts einer leicht ansteigenden Straße 300 Meter weit. Kurz vor einer Linkskurve der Straße, dem höchsten Punkt der Wanderung (ca. 480 m), biegen Sie links ab auf einen Querweg (blaues Kreuz), der zwischen Wiesen und Obst-

Inmitten von Weinbergen liegt Stetten.

wiesen bergab und in einem Taleinschnitt vollends nach Strümpfelbach hinunterführt. Auf der Ortsdurchfahrt gehen Sie zwischen
Fachwerkhäusern bequem talabwärts durch den lang gestreckten, gepflegten Weinort und passieren das Fachwerk-Rathaus. Nach
500 Metern biegen Sie an einem Backhaus in die links abzweigende
Lindenstraße ein (rote Rebe, Württembergischer Weinwanderweg)
und steigen zum Ortsrand an, wo ein Asphaltweg zwischen Obstwiesen weiter bergauf und nach zwei Kehren bequem am Hang entlang-
führt. Oberhalb von Stetten folgen Sie in den Weinbergen einem
Sträßchen nach links und einem Feldweg zur Burgruine Yburg. Hier
steigen Sie auf Weinbergtreppen steil ab nach Stetten, erreichen
durch die Steigstraße die einstige Ortsdurchfahrt und kehren an Ihren Ausgangspunkt zurück.

11

Wanderung von Hedelfingen auf die Wangener Höhe

Weinberge, Wald und Gärten oberhalb des Stuttgarter Talkessels und des Neckartals

■ **Ausgangspunkt**
Hedelfingen

■ **Anfahrt**
Pkw: B 10, Stuttgart – Plochingen, Ausfahrt Hedelfingen, an der Ampelkreuzung auf dem Hedelfinger Platz links abbiegen in die Amstetter Straße, an der alten Kirche erneut links in die Friedrichshafener Straße mit Parkmöglichkeiten
U-Bahn: Linien U 9 und U 13, Station Hedelfingen

■ **Streckenlänge / Gehzeit**
9,5 km / 3 Std.

■ **Tourismus-Information**
Stuttgart,
Tel. 07 11/22 28-2 40,
www.stuttgart-tourist.de

In Hedelfingen und Umgebung wird klar, warum die Tourismusmanager bis vor einigen Jahren für Stuttgart mit dem griffigen Slogan »Großstadt zwischen Wald und Reben« geworben haben: Unmittelbar am Ortsrand von Hedelfingen, in dem noch Reste des ehemaligen Winzerdorfs wie Keltern und Fachwerkhäuser erhalten sind, steigen Weinberge steil an zum schmalen Bergrücken Wangener Höhe. Mitten im Wald liegen hier oben mehrere Sportstätten und inmitten von gepflegten Schrebergärten, den schwäbischen »Gütle«, mehrere Gaststätten.

Anstieg zur Wangener Höhe In Hedelfingen gehen Sie vom Parkplatz in der Friedrichshafener Straße zurück zur einstigen Dorfkirche, überqueren die Amstetter Straße und passieren das Fachwerkgebäude »Altes Haus«. Wenig später wenden Sie sich nach rechts in die Planstraße, kreuzen die verkehrsreiche Rohracker Straße und steigen in der Gasse Beundweg an (Markierung: schwarzes Ross in gelbem Kreis, Stuttgarter Rössleweg). Wenn Sie mit der U-Bahn anfahren, folgen Sie von der U-Bahn-Station der Rohracker Straße zum Hedelfinger Platz und biegen nach rechts zum alten Ortskern ab. Etwa 150 Meter nach der Kreuzung zweigt rechts die ansteigende Gasse Beundweg ab. Nach Überqueren der Wohnstraße Alosenweg erreichen Sie die Weinberge, steigen über Treppenstufen in die Weinberge hoch und wenden sich nach links. Nach nur 20 Metern halten Sie sich erneut links (keine Markierung) auf einen leicht ansteigenden Weg, der in einer lang gezogenen Rechtskurve in einen Hangeinschnitt des Dürrbachtals führt und in einen Wirtschaftsweg einmündet. Dann geht es nach links (Markierung: Hedelfinger Rundweg mit »HF« im Umriss einer Birne) zwischen Obstwiesen und einzel-

Weinberge im »Fischgrätmuster« bei Hedelfingen

nen Weinfeldern steil bergab in das Tal des Dürrbachs. Talaufwärts (roter Punkt) führt der Weg an Gärten und Wochenendgrundstücken vorbei und kreuzt den Dürrbach. Von dem stetig ansteigenden Weg biegen Sie rechts ab (roter Punkt), passieren einen Weiher und gelangen auf einem breiten Waldweg entlang des Dürrbachs auf den Hügelrücken Wangener Höhe, wo Sie nach rechts die Straße Waldebene Ost überqueren.

Zum Aussichtspunkt Schillerlinde Nach rechts steigt neben der Straße ein breiter Waldweg leicht an (roter Punkt; Schillerlinde) und kreuzt ein Sträßchen. Nach 50 Metern biegen Sie links ab (roter Punkt; Staibhöhe) zur Hangkante, halten sich auf einem Querweg rechts und stoßen auf ein hangabwärts führendes Sträßchen. Unmittelbar vor einem Funkturm zweigt rechts ein Waldweg ab (keine Markierung), der bei der Kleingartenanlage Wangen und einem Sportplatz ein Sträßchen kreuzt und geradeaus zur Umzäunung einer Kleingartenanlage führt. Leicht nach links erreichen Sie auf einem Pfad einen tiefer am Hang verlaufenden Asphaltweg und einen angelegten Aussichtspunkt bei der durch einen Blitzschlag stark geschädigten Schillerlinde: Jenseits des Neckartals, in dem sich Industriean-

EINKEHR

■ **Hedelfingen**
Nahe der U-Bahn Station Gasthaus Löwen mit historischem Biergarten, kein Ruhetag
■ **Kante des Neckartals**
Gaststätte Neckarblick, Aussichtsterrasse, ab 12 Uhr, Mo Ruhetag
Inmitten von Gärten und Wochenendgrundstücken Biergarten Onkel Otto, täglich ab 12 Uhr

lagen und Siedlungen lückenlos aneinanderreihen, ziehen sich Weinberge am Hang hoch. Auf dem Württemberg (Rotenberg) ist die Anfang des 19. Jahrhunderts vom württembergischen König Wilhelm I. für seine Gemahlin Katharina errichtete Grabkapelle zu sehen. Wer einkehren und dabei den Ausblick genießen möchte, geht geradeaus 50 Meter weiter zur Gaststätte Neckarblick.

Gärten und Weinberge Nach rechts (liegendes rotes »U«) führt ein Fahrweg zu einer Wegkeuzung auf der Scheitelhöhe des Hügelrückens, wo die Markierungen »Rössleweg« und »rotes U« nach links weisen. Zwischen gepflegten Gärten gelangen Sie an eine Weggabelung, folgen nach rechts der Rössleweg-Markierung und passieren gleich darauf den Biergarten »Onkel Otto«. Nach etwa 1 Kilometer ist linker Hand eine leichte Erhebung zu sehen, auf der einst die Burg Hedelfingen stand. Wenig später steigen Sie an einer Wegkreuzung nach rechts ab (Rössleweg) und stoßen in den Weinbergen auf eine weitere Wegkreuzung, an der Sie sich nach links wenden. Nach 500 Metern verlassen Sie den »Rössleweg« an einer Weggabelung mit Ruhebänken sowie einer Erinnerungstafel an die Rebflurbereinigung nach rechts, steigen über die vom Beginn der Wanderung schon bekannten Treppenstufen nach Hedelfingen ab und kehren an Ihren Ausgangspunkt zurück.

Blick von der Terrasse der Gaststätte Neckarblick auf das Neckartal

69

12

Wanderung im Siebenmühlental

Keltenspuren im Gewann Federlesmahd
bei Echterdingen und autofreies Tal

■ **Ausgangspunkt**
Stetten, Ortsteil von Lein-
felden-Echterdingen

■ **Anfahrt**
B 27 Stuttgart – Tübin-
gen, Ausfahrt Stetten,
durch den Ort (Ausschil-
derung: Sportanlagen,
Naturtheater) zum Park-
platz bei den Sportplät-
zen am westlichen Orts-
rand

■ **Streckenlänge / Gehzeit**
12 km / ca. 3 ½ Std.

■ **Tourismus-Information**
Stuttgart,
Tel. 07 11/22 28-2 40,
www.stuttgart-tourist.de

An Sommersonntagen sind im Siebenmühlental die Erholung Suchenden in Massen unterwegs, per Rad vorzugsweise auf einem asphaltierten Weg, der auf einer ehemaligen Bahntrasse angelegt wurde, zu Fuß überwiegend auf der Talsohle. An Werktagen ist es erheblich ruhiger, insbesondere auf dem ersten Streckenabschnitt, der durch das Gewann Federlesmahd mit einer keltischen Schanze und mehreren keltischen Grabstelen hinunterführt in das nahezu autofreie Siebenmühlental. Gestört wird die Ruhe allerdings, vor allem in der Umgebung der Schlösslesmühle, durch das Donnern der am Flughafen Stuttgart-Echterdingen startenden Maschinen.

*Bild rechts: Die Schlechten-
mühle im Siebenmühlental*

Auf der Weidacher Höhe zu einer Keltenschanze Vom Parkplatz am Ortsrand Stetten gehen Sie auf den Ort zu, folgen nach links der Jahnstraße und geradeaus der Siebenmühlenstraße. Eine schmale, ruhige Landstraße (Markierung: rotes Kreuz) verläuft auf dem Hügelrücken Weidacher Höhe – Blick auf die Filder mit dem Flughafen Stuttgart-Echterdingen – zunächst zwischen Wiesen und Feldern, anschließend entlang des Waldrandes und führt zu einer Wegkreuzung bei der Gaststätte Waldheim. Leicht nach links folgen Sie im Wald dem schnurgeraden Forstweg »Pflanzschulallee« (rotes Kreuz). An einer Weggabelung kurz nach einer Spielwiese mit einer Grillstelle gelangen Sie auf einem rechts abzweigenden Waldweg (rotes Kreuz) auf das »Gipfelplateau« der Erhebung Federlesmahd (495 m), auf der sich eine keltische Viereckschanze mit deutlich erkennbarem Wall und eine Ansammlung keltischer Stelen befinden. Es handelt sich um Replikate von Stelen, die vor 2500 Jahren auf Grabhügeln aufgestellt worden waren und durch Zufall oder aufgrund gezielter Ausgrabung entdeckt wurden.

EINKEHR
■ **Weidacher Höhe**
Gaststätte Waldheim,
Mo sowie Do ab 14 Uhr
Ruhetag
■ **Siebenmühlental**
Seebrückenmühle,
Mo Ruhetag
Schlösslesmühle,
Di–Sa ab 17, So ab 12 Uhr
Mühlenstüble in der Kochenmühle mit Garten,
Do Ruhetag

Mühlen im Siebenmühlental Ein Forstweg (rotes Kreuz) geht in einen bergab führenden Waldweg über, und auf dem quer verlaufenden Seeweg scharf nach links (roter Punkt) steigen Sie vollends hinunter in das enge, vom Reichenbach durchflossene Siebenmühlental. Wer einkehren möchte, geht über den Parkplatz zu der hinter Bäumen etwas versteckt liegenden Seebrückenmühle. Daneben steht das Häuschen des Malers Hans Hahn, dessen Werke in der »Weißen Scheune« ausgestellt sind. Am Fuß des bewaldeten Talhangs führt ein Fußweg (rotes Kreuz im ganzen Tal) bequem talabwärts. Sie passieren die Schlechtsmühle, eine der ältesten im Tal und nach einem ehemaligen Besitzer benannt, und queren bei der Gaststätte Schlösslesmühle auf einem verkehrsarmen Sträßchen, der einstigen Poststraße Echterdingen – Waldenbuch – Tübingen, die Talsohle. Der Name der Mühle geht wohl darauf zurück, dass sie im 17. Jahrhundert zu einem stattlichen, ummauerten Anwesen ausgebaut und als »schlößlin« bezeichnet wurde. Auf der anderen, westlichen Talseite setzt sich der Fußweg nur wenige Meter unterhalb eines auf einer Bahntrasse verlaufenden Radwegs fort. Die von 1928 bis 1955 zwischen Waldenbuch und Vaihingen verkehrende Bahn wurde vor allem von Arbeitern benutzt, die nach Stuttgart zur Arbeit fuhren. Nach mehreren hundert Metern sehen Sie auf der Talsohle die Walzenmühle, die jüngste Mühle im Tal, und überqueren nach etwa 1 Kilometer den Radweg (Vorsicht: rasante Radler!). Nach 500 Metern kreuzen sie erneut den Radweg und steigen wenige Meter steil hinunter zur Kochenmühle. Benannt wurde die Mühle nach der Familie Koch, die das Anwesen im Jahr 1720 erwarb. In den Dreißigerjahren des letzten Jahrhunderts wurde der Mühlenbetrieb eingestellt; heute befinden sich hier ein Reiterhof sowie eine urige Gaststätte mit Garten. Rechts neben dem Gaststättengebäude führt ein schmaler Weg bergauf (roter Punkt) und mündet in das Kochenmühle-Zufahrtssträßchen ein, das auf eine Länge von 1,5 Kilometern zur Talkante ansteigt. An einer Tennisanlage wenden Sie sich nach links und kehren auf einem rechts abknickenden Sträßchen, vorbei am Naturtheater »Unter den Kuppeln«, zum Ausgangspunkt zurück.

Bild links: Der Turm der Echterdingen Kirche stammt aus dem 15. Jahrhundert.

Bei Echterdingen wurden im Gewann Federlesmahd mehrere Replikate keltischer Stelen aufgestellt.

13 Im Land der Staufer zwischen Fils- und Remstal

Autotour zum Hohenrechberg, Hohenstaufen und Wäscherschloss, Radtour zu den Klöstern Adelberg und Lorch sowie Spaziergänge auf den Hohenrechberg, Hohenstaufen und vom Kloster Adelberg zum Klostersee

■ **Ausgangspunkt der Autotour**
Donzdorf

■ **Anfahrt**
B 10 Stuttgart – Ulm, in Süßen abbiegen auf die B 466 nach Donzdorf

■ **Streckenlänge / Fahr- und Gehzeit**
Autotor knapp 70 km
Radtour (Adelberg – Lorch)
55 km / 4–5 Std.
Spaziergänge 1–4
1,5–3,5 km / 45 Min.–
1 Std.

■ **Tourismus-Information**
Touristikgemeinschaft Stauferland,
Tel. 0 71 71/6 03 42 50,
www.stauferland.de
Schorndorf,
Tel. 0 71 81/6 02-0,
www.schorndorf.de

Die Region zwischen Filstal und Remstal ist das Kernland der hochadeligen Staufer, die im 12./13. Jahrhundert als deutsche Könige und Kaiser des Deutschen Reichs die politische Entwicklung Mitteleuropas maßgeblich bestimmten. In dieser Region wurden die Burg Wäscherschloss und die Stammburg Hohenstaufen erbaut, hier veranlassten die Staufer, dass die Burg Hohenrechberg errichtet wurde und erhoben den Marktort Schwäbisch Gmünd zur befestigten Stadt, gründeten das Kloster Lorch und das Kloster Adelberg. Schorndorf dagegen verdankte seinen Aufstieg dem Ausbau zu einer Landesfestung des Herzogtums Württemberg.

Über das Rehgebirge, den Rechberg und das Wäscherschloss zum Kloster Lorch Von Donzdorf fahren Sie nach Reichenbach, folgen einem Sträßchen auf den Hügelrücken Rehgebirge und gelangen, vorbei an der Freizeitanlage Schurrenhof und an einem Mär-

Der Klostersee unterhalb des Klosters Adelberg

chenpark, in den Ort Rechberg am Fuß des Hohenrechbergs mit der gleichnamigen mächtigen Burgruine und einer Wallfahrtskapelle auf dem Gipfel. In Richtung Schwäbisch Gmünd verlassen Sie den Ort, folgen in Straßdorf einer hoch über dem Remstal verlaufenden

Der Vorhof der Burgruine Hohenrechberg

Das Eingangstor des einstigen Klosters Adelberg

Straße über Metlangen und Lenglingen nach Maitis, wo Sie einen Abstecher machen können zu dem am Hang des Hohenstaufens gelegenen Dorf Hohenstaufen; von hier können Sie zur Burgruine Hohenstaufen hinaufsteigen. Zurück in Maitis, setzen Sie die Fahrt fort in Richtung Wäschenbeuren, biegen jedoch kurz vor dem Ort rechts ab zum Wäscherhof und dem in der Nähe stehenden Wäscherschloss, einer kleinen, vollständig erhaltenen Burg (Ostern–Okt. Di–Fr 10.30–12 und 13.30–16 Uhr, Sa und So 10.30–17 Uhr). Durch das enge Beutental und im breiten Remstal erreichen Sie Lorch sowie das an der Talkante gelegene Kloster Lorch, einst das »Hauskloster« der Staufer mit einem riesigen modernen Rundbild zur Geschichte der Staufer im Kapitelsaal (tagsüber zugänglich, Ausstellung April–Okt. Di–So 10–18, im Winter 10–17 Uhr).

Zum Kloster Adelberg und nach Schorndorf Sie durchqueren Lorch und folgen am südlichen, gegenüberliegenden Talhang der B 297 bergauf, biegen an der Talkante bei Unterkirneck rechts ab auf ein

Panoramasträßchen und gelangen über Rattenharz sowie Breech nach Börtlingen und hinunter zur einzeln stehenden Gaststätte Zachersmühle. Bergauf führt die Straße zu dem von einem Staufer gegründeten Kloster Adelberg (frei zugänglich), in dem ein Klostergarten angelegt wurde. Während die meisten Klostergebäude verschwunden sind, ist die 1100 Meter lange Umfassungsmauer weitgehend erhalten. Vorbei an Oberberken fahren Sie in das Remstal hinunter und durch Schorndorf zur B 29. Beeindruckend in der unter Denkmalschutz stehenden Schorndorfer Altstadt mit engen Straßen und Gassen sind vor allem die prachtvollen Fachwerkhäuser am Marktplatz, der als schönster Marktplatz in Baden-Württemberg gilt.

Radtour (Adelberg – Lorch)

Von der Bahnstation Schorndorf fahren Sie talabwärts (Radmarkierung: Remstal-Radweg) entlang der Rems zur S-Bahn-Station in Winterbach. Auf der anderen Seite des Bahnsteigs folgen Sie einem Fuß- und Radweg, anschließend geradeaus der Adlerstraße. Die Straße steigt allmählich an und nach rechts führt die Bussardstraße zur Schlichtener Straße. Steil bergauf (Alb-Neckar-Weg bis Wäscherhof) führt das Sträßchen auf die Höhe des Schurwalds und in die kleine Ortschaft Schlichten. An der Kirche wenden Sie sich nach links zum Waldrand, folgen nach rechts dem Forstweg »Kaiserstraße« nach Oberberken, fahren durch den Ort und an der Straße Schorndorf – Göppingen zum Kloster Adelberg. Auf dem gleichen Weg kehren Sie zurück und biegen 500 Meter nach derjenigen Stelle, an der Sie von Oberberken kommend die Straße erreichen, rechts ab auf die Fortsetzung der Kaiserstraße. Geradeaus gelangen Sie durch die kleine Ortschaft Breech und auf der nun zu einer »Panoramastraße« ausgebauten Kaiserstraße über Rattenharz, Unterkirneck und Oberkirneck sowie über einen Golfplatz zum Weiler Wäscherhof. Nach links geht es zur kleinen, von einer hohen Mauer umschlossenen Burg Wäscherschloss. Sie ist ein gutes Beispiel dafür, wie man sich eine »normale« Burg (9./10. Jahrhundert) vorzustellen hat. Am Wäscherschloss vorbei führt ein Sträßchen durch das enge, bewaldete Beutental hinunter in das Remstal und nach Lorch, wo sich ein Abstecher nach rechts zum erhöht sitzenden Kloster Lorch empfiehlt (hin und zurück 1,5 km). Talabwärts verlassen Sie Lorch (Markierung: Remstal-Radweg), radeln entlang der Rems nach Waldhausen und passieren einen Baggersee mit Bademöglichkeit. Durch Plüderhausen und vorbei am Industriegebiet von Urbach kehren Sie nach Schorndorf zurück.

EINKEHR

■ **Hohenrechberg**
Burgschänke Hohenrechberg, Mo Ruhetag

■ **Hohenstaufen**
Hotel-Restaurant Honey-do in Aussichtslage, Di Ruhetag

■ **Wäscherhof**
Gasthof Wäscherschloss, Mo und Di Ruhetag

■ **Beutental**
Waldcafé Beutental, Mo Ruhetag, Nov.–März. nur So geöffnet

■ **Bei Lorch**
Restaurant Muckensee mit Garten, kein Ruhetag

■ **Zwischen Börtlingen und Adelberg**
Zachersmühle mit schattigem Biergarten, im Sommer kein Ruhetag, im Winter Mo und Di Ruhetag

■ **Im Kloster Adelberg**
Zwei Gaststätten mit Garten, beide Mo Ruhetag

Am Fuß des Hohenrechbergs der Ort Rechberg; im Hintergrund der bewaldete Stuifen.

Spaziergänge

(1) Zur Burgruine Hohenrechberg Von einem Parkplatz an der Straße zwischen Vorder- und Hinterrechberg gehen Sie zurück in Richtung Vorderrechberg und biegen scharf links ab auf ein Sträßchen (Markierung: blauer Balken), das hinaufführt zur mächtigen Burgruine Hohenrechberg. Die Befestigungs- und Gebäudemauern sind teilweise gut erhalten, die einstigen als Vorburg bezeichneten und gesondert durch einen Graben gesicherten Wirtschaftsgebäude sind intakt. Auf dem gleichen Weg kehren Sie zurück (knapp 1,5 km / 45 Min.).

(2) Über die Burgruine zur Wallfahrtskapelle auf dem Hohenrechberg Bis zur Burgruine Hohenrechberg siehe Spaziergang 1. Nach rechts folgen Sie der steil ansteigenden, mit Kreuzwegstationen versehenen Straße auf das kleine Gipfelplateau des Hohenrechbergs (707 m), auf dem die Wallfahrtskirche »Zur schönen Maria auf dem Rechberg« und eine Gaststätte stehen sowie ein Friedhof angelegt wurde. Bei einem Aussichtpunkt steigen Sie nach rechts auf einem

Fußweg (rotes Kreuz) recht steil ab nach Vorderrechberg und kehren an der Straße zu Ihrem Ausgangspunkt zurück (knapp 3,5 km / 1 Std.).

(3) Anstieg zur Burgruine Hohenstaufen An einem kleinen Parkplatz in der Ortsmitte von Hohenstaufen kreuzen Sie die Ortsdurchfahrt und laufen steil bergauf zum Ortsrand und zu der als Barbarossakirche bezeichneten Jakobskirche mit einem Dokumentationsraum zur Geschichte der Staufer. Ein weniger steiler Waldweg führt vollends hinauf zu den Mauerresten der Burgruine (684 m) und einem Kiosk; 1525 wurde die Burg im Bauernkrieg zerstört. Auf demselben Weg kehren Sie zurück (2 km / 45 Min.).

(4) Kloster Adelberg Beim Parkplatz vor dem Kloster betreten Sie durch einen großen Torbogen den Klosterbezirk, wenden sich kurz nach der kleinen Kirche nach rechts und verlassen das Kloster durch ein weiteres Tor (Markierung: Baum mit rotem Balken). Von dem am Hang des aufgestauten Klostersees bequem bergab führenden Asphaltweg zweigt am Waldrand links ein Weg ab, auf dem Sie das Ufer erreichen und wenig später einen breiten Holzsteg, auf dem Sie den See überqueren. Am Südufer folgen Sie einem breiten Uferweg und überqueren die Staumauer; rechter Hand befindet sich die Gaststätte Herrenmühle mit Garten (Mo und Di Ruhetag). Nach rechts kehren Sie auf einem recht steil ansteigenden Waldweg (blauer Balken) zum Kloster zurück (3 km / 1 Std.).

Blick vom Hügelrücken Rehgebirge auf das Tal des Reichenbachs

14 Wanderung zum Hohenstaufen und Hohenrechberg

Eine Burgruine mit wenigen Mauerresten, eine weitgehend erhaltene Burg und eine Wallfahrtskirche

■ **Ausgangspunkt**
Ottenbach

■ **Anfahrt**
B 10 Göppingen – Ulm; bei Salach die B 10 verlassen und durch Salach nach Ottenbach; im Ort rechts abbiegen zum Parkplatz am Sportgelände

■ **Streckenlänge / Gehzeit**
16 km / 4 ½–5 Std.

■ **Tourismus-Information**
Göppingen,
Tel. 0 71 61/65 02 92,
www.goeppingen.de

Bild rechts: Eine Erinnerungssäule in der Burgruine Hohenstaufen; im Hintergrund das Dorf Rechberg am Fuß des Hohenrechbergs

Eine landschaftlich reizvolle Rundwanderung mit einem langen, steilen Anstieg auf den Hohenstaufen und einem ebenfalls steilen, aber kurzen Anstieg zur Wallfahrtskirche auf dem Hohenrechberg. Auffällig in dieser Region des nördlichen Albrands sind die für die Schwäbische Alb ungewöhnlich zahlreichen Einzelhöfe. Vor allem aus der Entfernung weitaus auffälliger jedoch sind die drei Erhebungen Hohenstaufen, Hohenrechberg und Stuifen vor dem nördlichen Albrand. Sie werden »Kaiserberge« genannt, da der Hohenstaufen der Stammsitz des hochadligen Geschlechts der Staufer war, die im Hochmittelalter (12./13. Jahrhundert) als deutsche Könige und Kaiser die europäische Geschichte maßgeblich beeinflussten.

Anstieg zur Burgruine Hohenstaufen Von den Sportanlagen in Ottenbach führt links um den Sportplatz herum ein Fußweg in den Ort (Markierung: blauer Balken), wo Sie das Flüsschen Krumm

Zwischen Wiesen und Viehweiden erfolgt der Anstieg von Ottenbach nach Hohenstaufen.

80

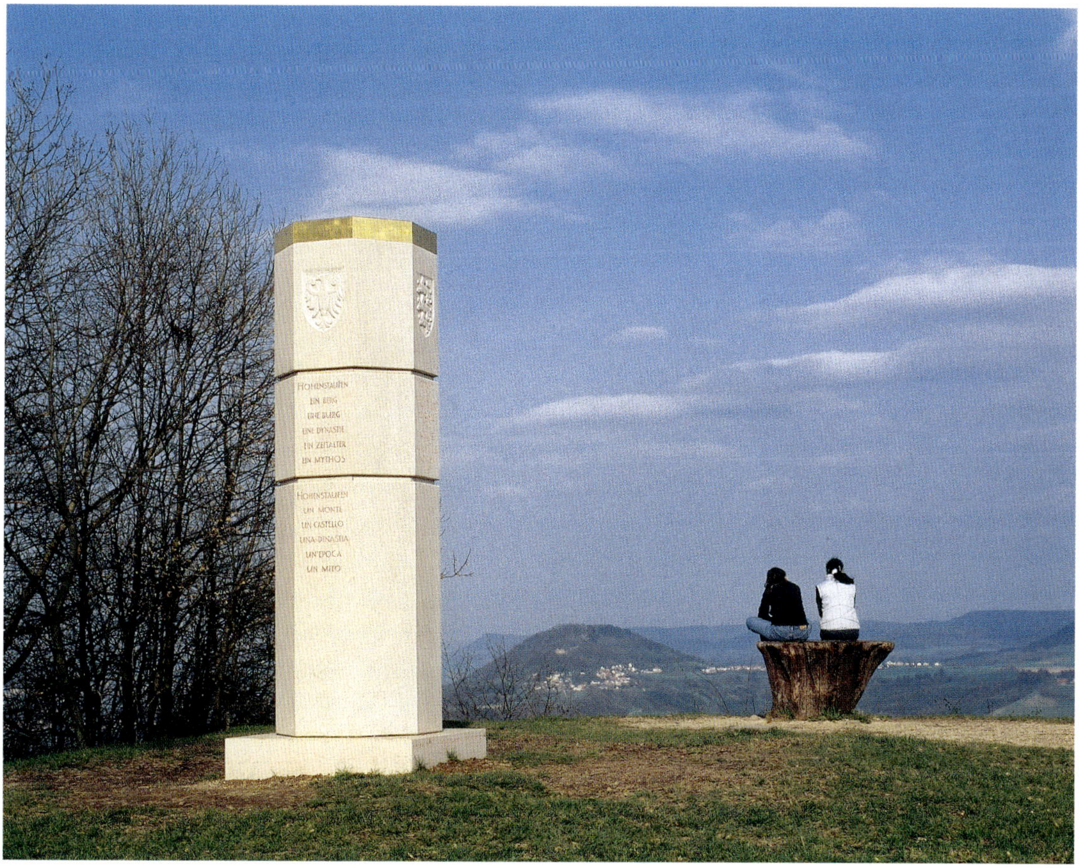
HOHENSTAUFEN
EIN BERG
EINE BURG
EINE DYNASTIE
EIN ZEITALTER
EIN MYTHOS
HOHENSTAUFEN
UN MONTE
UN CASTELLO
UNA DINASTIA
UN'EPOCA
UN MITO

Straßdorf
Reitprechts
Metlangen
Maitis
Lenglingen
Rechberg
707
Burgruine
Hohenrechberg
Hinter-
Rechberg
Vorder-
Aasrücken
Krumm
Ziegelhütte
Hohenstaufen
684
ehem. Burg
Hohenstaufen
Jackenhof
Lindenhöfe
Saurenhof
Herbenhof
Märchen-
park
Rehgebirge
Untermühleisen-
höfe
A
E
Ottenbach
N
0
500m

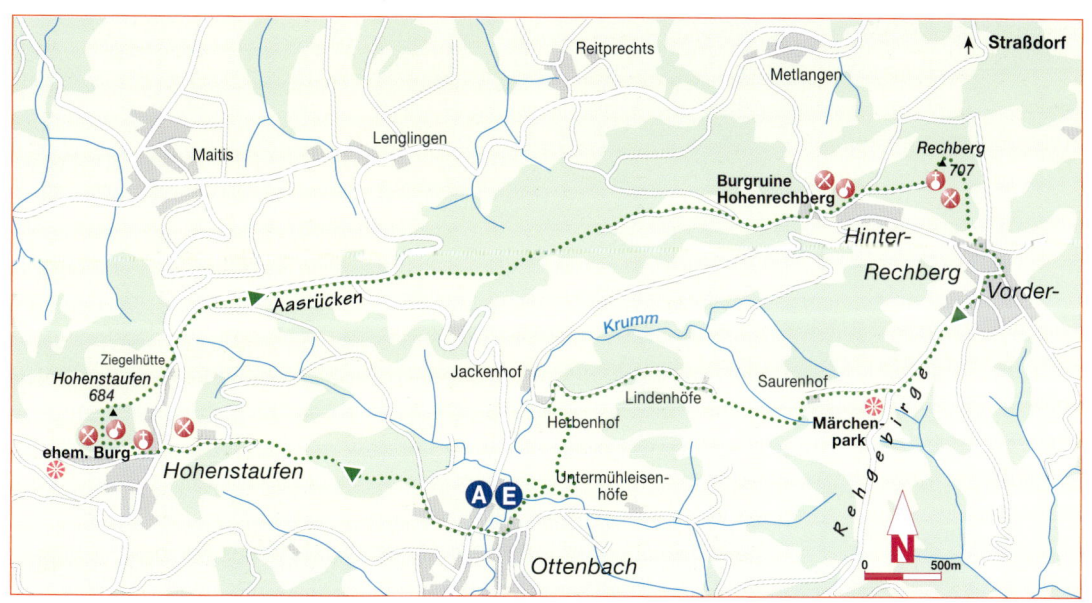

In der Burgruine Hohenrechberg

überqueren und die Ortsdurchfahrt kreuzen. Geradeaus (blauer Punkt) gelangen Sie zum Waldrand und steigen nach links zwischen Wiesen und Viehweiden steil an zum Dorf Hohenstaufen. Im Ort setzt sich der Anstieg fort, und ehe Sie auf einem Waldweg die letzten Höhenmeter zur Burgruine Hohenstaufen (684 m) zurücklegen, passieren Sie am Waldrand die als Barbarossakirche bezeichnete St. Jakobskirche mit einem Staufer-Dokumentationsraum. Von der im 11. Jahrhundert erbauten Burg Hohenstaufen, die im Bauernkrieg 1525 zerstört wurde und in der Folgezeit als Steinbruch für den Hausbau der Bewohner umliegender Dörfer diente, sind nur noch Mauerreste vorhanden.

Über den Aasrücken zum Hohenrechberg Vom Hohenstaufen steigen Sie ab (roter Balken, Aasrücken) zu den Häusern von Ziegelhütte, überqueren die Straße Hohenstaufen – Lenglingen und gehen, parallel zu der auf dem schmalen Aasrücken verlaufenden alten Straße und mit Blick auf den Schwäbisch-Fränkischen Wald im Norden und auf die Alb im Süden, auf die Burgruine Hohenrechberg zu. An einer Straßengabelung halten Sie sich geradeaus (roter Balken, rotes Kreuz), wenig später in einer Linkskurve der Straße erneut geradeaus und steigen leicht an nach (Hinter-)Rechberg. Anhand der Markierung gehen Sie durch den Ort und folgen einem Fußweg, der vollends hinaufführt zur Burgruine Hohenrechberg (644 m), einer beeindruckenden, großteils erhaltenen Anlage mit einem Staufer-Dokumentationsraum. Zum Schutz einer Hochadelsburg wie der Burg Hohenstaufen entstanden in der Umgebung sogenannte Ministerialenburgen wie die Burg Hohenrechberg. Ministerialen (lat. ministerium, Dienst) waren von einem Adligen abhängige Dienstmannen, die mit Verwaltungsaufgaben und diplomatischen Missionen betraut wurden, die aber vor allem als »Ritter« (berittene Krieger) die Kerntruppe eines jeden mittelalterlichen Heeres bildeten. Seit dem 12. Jahrhundert stiegen die Ministerialen sozial auf und bildeten die Gesellschaftsschicht des niederen Adels.

Über den Gipfel des Hohenrechbergs und das Rehgebirge nach Ottenbach Sie verlassen die Burgruine, halten sich geradeaus und steigen auf der mit Kreuzwegstationen versehenen Zufahrtstraße (rotes Kreuz) steil an zum kleinen Gipfelplateau des Hohenrechbergs (707 m) mit der Wallfahrtskirche »Zur schönen Maria von Rechberg«, mit einem Friedhof und einer Gaststätte. Ein Fußweg (roter Balken, rotes Kreuz) führt hinunter nach (Vorder-)Rechberg und geradeaus in der Kaiserstraße dann nach rechts (blauer Balken, Staufeneck), wo Sie den Ortsrand erreichen. Nach 500 Metern entlang eines Landsträßchens auf einem als Rehgebirge bezeichneten Bergrücken biegen Sie rechts ab, passieren einen Märchenpark und gehen rechts um den Saurenhof herum (blauer Balken). Bergab über die Lindenhöfe steigen Sie auf die Talsohle des Krummbachs ab zum Herbenhof, an dem Sie nach links abbiegen und auf einem mehrmals abknickenden Weg zum Sportplatz von Ottenbach zurückkehren.

EINKEHR

■ **Hohenrechberg**
Burgschänke Hohenrechberg, Mo Ruhetag
Bei der Wallfahrtskirche das Ausflugslokal Hohenrechberg mit Terrasse, kein Ruhetag

Blick vom Hügelrücken Rehgebirge auf das Dorf Hohenstaufen am Hang des Hohenstaufens

15 Radtour von Kirchheim unter Teck nach Bad Boll

Zu einem Heilbad und zum Urweltmuseum Hauff in Holzmaden

■ **Ausgangspunkt**
Kirchheim unter Teck

■ **Anfahrt**
A 8 Stuttgart – München,
Anschlussstelle 57 (Kirch-
heim/Teck-Ost); von der
Stadt-Umgehungsstraße
in Richtung Göppin-
gen/Wernau an der zwei-
ten Ausfahrt abbiegen in
Richtung Jesingen, an
der Ampel nach links,
nach 100 m an der nächs-
ten Ampel erneut links in
Richtung Schafhof zum
Parkplatz Schlossgymna-
sium

■ **Streckenlänge / Fahrzeit**
27 km / 2–2 ½ Std.

■ **Tourismus-Information**
Verkehrsverein
Teck-Neuffen,
Tel. 0 70 21/30 27,
www.albtrauf.de

Weitgehend autofrei führt die Radtour von Kirchheim unter Teck über Jesingen, Ohmden und Zell unter Aichelberg zunächst sanft talaufwärts entlang der Lindach, anschließend entlang des Zeller Bachs nach Bad Boll, wo sich im Kurpark eine Pause anbietet. Bequem und mit Blick auf die »Kaiserberge« Hohenstaufen, Hohenrechberg und Stuifen im Norden erreicht man Hattenhofen und muss hier den einzigen längeren Anstieg bewältigen. Der letzte, nahezu mühelose Streckenabschnitt bietet einen herr-lichen Ausblick auf den Albtrauf und führt anschließend durch ein ausgedehntes Waldgebiet nach Kirchheim zurück.

Von Kirchheim nach Bad Boll
Gleich beim Parkplatz Schlossgymnasium in Kirchheim unter Teck unterqueren Sie die zur Siedlung Schafhof führende Straße, passieren das Gymnasium und erreichen entlang des Flüsschens Lindach den Ort Jesingen. Anhand der Radmarkierungen durchqueren Sie eine ausgedehnte Wohnsiedlung, folgen am Ortsrand einem Fuß- und Radweg neben der nach Ohmden führenden Straße und folgen den Markierungen im flachen Tal des Zeller Bachs zwischen Wiesen und Obstwiesen nach Ohmden, wo Sie eine nach Holzmaden führende Straße kreuzen.

Wer sich für Fossilien interessiert, kann hier einen kurzen Abstecher machen (hin und zurück 1,5 Kilometer): Der Straße nach rechts über eine niedere Erhebung folgen zum welt-

Bei Bad Boll: Blick auf die »Kaiserberge« Hohenstaufen (links), Hohenrechberg (mitte) und Stuifen (rechts).

EINKEHR

■ Zell unter Aichelberg
Restaurant Schäferhof, Mi–Fr 11–14 und ab 17.30 Uhr, Sa ab 16 Uhr, So 11.30–14 und ab 17.30 Uhr

■ Siedlung Schafhof
Restaurant Zur Brenne, Terrasse, Mi–Fr ab 17, Sa und So ab 11 Uhr

weit bekannten **Urweltmuseum Hauff**. Ausgestellt sind zahlreiche Versteinerungen, die zwischen Ohmden, Holzmaden und Boll im Schiefer des Schwarzen Juras entdeckt wurden. Bis zu 180 Millionen Jahre alt sind diese Funde, deren Glanzstücke Fisch- und Flugsaurier sowie eine Seelilienkolonie sind; als Zugeständnis an die »Dino-Manie« des letzten Jahrzehnts sind lebensgroße Nachbildungen von Sauriern auf dem Museumsgelände zu besichtigen.

Sie verlassen Ohmden (Radmarkierung: Schwäbische-Alb-Weg), steigen weiterhin leicht an und folgen der markierten Radroute durch Zell unter Aichelberg; der kegelförmige Aichelberg erhebt sich rechter Hand. Auf einem Fuß- und Radweg an der von der Autobahn nach Boll führenden Straße erreichen Sie Bad Boll und schieben das Rad zwischen dem Thermalbad sowie dem Kurhaus zur Rechten und dem Kurgarten zur Linken.

Bad Boll Gegründet wurde das Bad im Jahr 1595, nachdem man bei der Suche nach Salz nicht nur auf eine salzhaltige Quelle, sondern auch auf Schwefelquellen gestoßen war. Da man bei den Bohrungen auch versteinerte Meerestiere entdeckte und sich die Versteinerungen nicht erklären konnte, bekam Boll den Beinamen »Württembergisches Wunderbad«. Im 17. Jahrhundert erhielt der württembergische Baumeister Heinrich Schickhardt den Auftrag zum Bau eines Badegebäudes, in dem sich in den folgenden Jahrhunderten die württembergischen Herzöge und im 19. Jahrhundert die württembergischen Könige erholten. Nach einer weiteren erfolgreichen Bohrung im Jahr 1976 wurde das Thermal-Mineralbad errichtet und das Kurhaus zu einer Kurklinik erweitert.

Über Hattenhofen nach Kirchheim

Anhand der Radmarkierungen (nun auch Alb-Neckar-Weg) verlassen Sie Bad Boll, kreuzen eine Umgehungsstraße und passieren den Blumhardt-Friedhof, benannt nach dem durch wundersame Heilungen bekannt gewordenen Pfarrer Johann Christian Blumhardt (1805–1880). Er kaufte das königliche Bad in Boll, gab sein Pfarramt auf und richtete ein Seelsorge- und Heilungszentrum ein, um sich nur noch den psychisch und physisch Kranken zu widmen. Sein Sohn Christoph Friedrich setzte diese Arbeit fort und anschließend übernahm die Herrnhuter Brüdergemeinde die Seelsorge. Wenige Meter vor dem nördlichen Ortsrand von Boll wenden Sie sich nach links auf einen Asphaltweg (keine Markierung), erreichen mit schönem Blick auf die drei »Kaiserberge« Hohenstaufen, Hohenrechberg und Stuifen nach 700 Metern eine Wegkreuzung und folgen dem Asphaltweg nach links bequem hinunter in das Tal des Pliensbachs mit dem gleichnamigen Dörfchen auf der anderen Talseite. Talabwärts führt der asphaltierte Weg nach Hattenhofen, wo

Das prächtige Rathaus in der Altstadt von Kirchheim unter Teck

Bild links oben: Am Urweltmuseum Hauff in Holzmaden wurden lebensgroße Nachbildungen von Sauriern aufgestellt.

Bild links unten: Seit dem Ende des 16. Jahrhunderts ist Bad Boll ein Heilbad, in dem sich einst die württembergischen Herrscher aufhielten.

Sie in einer Wohnsiedlung nach rechts der Bruckwiesenstraße zu einem Kreisverkehr folgen. Geradeaus steigt die alte Hauptstraße an und nach ca. 1 Kilometer biegen Sie links ab in die Friedhofstraße (Radwegweiser: Kirchheim). Kurz nach dem Ortsende halten Sie sich an einer Weggabelung rechts auf einen befestigten Wirtschaftsweg und gelangen in leichtem Auf und Ab zunächst zwischen Wiesen und Feldern, anschließend im Wald und vorbei an einem Schiefer-Steinbruch zur Straße Schlierbach – Ohmden. Jenseits der Straße – linker Hand der Rast- und Grillplatz Kreuzeiche – führt ein bequemer Forstweg durch das Waldgebiet Bettenhart zur Wohnsiedlung Schafhof. Der quer verlaufenden Straße Laubersberg folgen Sie nach links bergab und erneut nach links auf einem Radweg an der Straße vollends hinunter zum Ausgangspunkt der Tour.

16 Das Albvorland und die Alb zwischen Weilheim an der Teck und dem Tal der jungen Fils

Autotour über Bad Boll, Deggingen und Wiesensteig zur Burgruine Reußenstein, Radtour entlang der Fils, Wanderung von Deggingen zu Wallfahrtskirche und Burgruine sowie Spaziergänge zum Wasserberghaus und zum Quelltopf der Fils

■ **Ausgangspunkt der Autotour**
A 8, Anschlussstelle 58 (Aichelberg, Weilheim an der Teck)

■ **Streckenlängen / Fahr- und Gehzeiten**
Autotour knapp 50 km
Radtour (Bad Ditzenbach) 34 km
Wanderung (Deggingen) 7,5 km / 2 ½ Std.
Spaziergänge 1–5 1–3,5 km / 30 Min.– 1 ¼ Std.

■ **Tourismus-Information**
Bad Ditzenbach, Tel. 0 73 34/69 11, www.schwaebischealb.de/badditzenbach
Wiesensteig, Tel. 0 73 35/96 20, www.wiesensteig.de

Die Autotour verläuft zunächst am Fuß der Schwäbischen Alb über Aichelberg, Bad Boll und Heinigen nach Schlat, anschließend über eine »Passhöhe« in das Tal der jungen Fils und talaufwärts über Deggingen und Bad Ditzenbach in das Städtchen Wiesensteig. Nach einer kurzen Überquerung der Albhochfläche führt die Route hinab in das Neidlinger Tal und nach Weilheim an der Teck im Albvorland. Wer sich zu Fuß oder mit dem Fahrrad bewegen möchte, findet mehrere für die Schwäbische Alb ganz typische Ziele: Albverein-Wanderheime, Burgruinen und den Quelltopf der Fils.

Am Fuß des Alb-Nordrands und im Tal der jungen Fils Von der Autobahn-Anschlussstelle Aichelberg/Weilheim an der Teck geht die Fahrt vorbei an Aichelberg und Zell unter Aichelberg nach Boll, wo Sie rechts abbiegen zum Kurpark des Heilbads Bad Boll. Durch den Ort, durch Dürnau und Gammelshausen, an Heinigen vorbei und über Eschenbach erreichen Sie Schlat mit dem Restaurant Lamm, in dem u. a. exzellenter Birnenschaumwein kredenzt wird. Die Straße steigt am Albrand an zu einer etwa 600 m hoch gelegenen »Passhöhe« zwischen dem Fuchseck zu Ihrer Rechten sowie dem Wasserberg zur Linken und führt dann talabwärts nach Reichenbach.

Der »Elefantenbrunnen« in der Kleinstadt Wiesensteig; der Elefant war das Wappentier der Helfensteiner, der einstigen Stadtherren.

Kurz darauf folgen Sie der B 466 talaufwärts entlang der Fils. Über Deggingen mit der Wallfahrtskirche Ave Maria, Bad Ditzenbach mit einem Thermal-Mineralbad und dem Bernardus-Kräuterhaus, über Gosbach und Mühlhausen im Tale, wo sich am Hang eine Wacholderheide erstreckt, gelangen Sie im sich verengenden Filstal zum Städtchen Wiesensteig mit seiner doppeltürmigen Kirche, einem einfachen Renaissance-Schloss an der Ortsdurchfahrt und einem »Elefantenbrunnen« in der Ortsmitte; der Elefant war das Wappentier der einstigen Stadtherren, des Adelsgeschlechts von Helfenstein.

Aussichtsplattform auf dem Stumpf des Bergfrieds in der Burgruine Hiltenburg

Auf die Albhochfläche und in das Neidlinger Tal Am Ortsende von Wiesensteig verlassen Sie das Tal der Fils und folgen der Straße in Richtung Neidlingen/Weilheim an der Teck auf die Albhochfläche, wo Sie eine Linksabzweigung in Richtung Schopfloch passieren. An dieser ab-

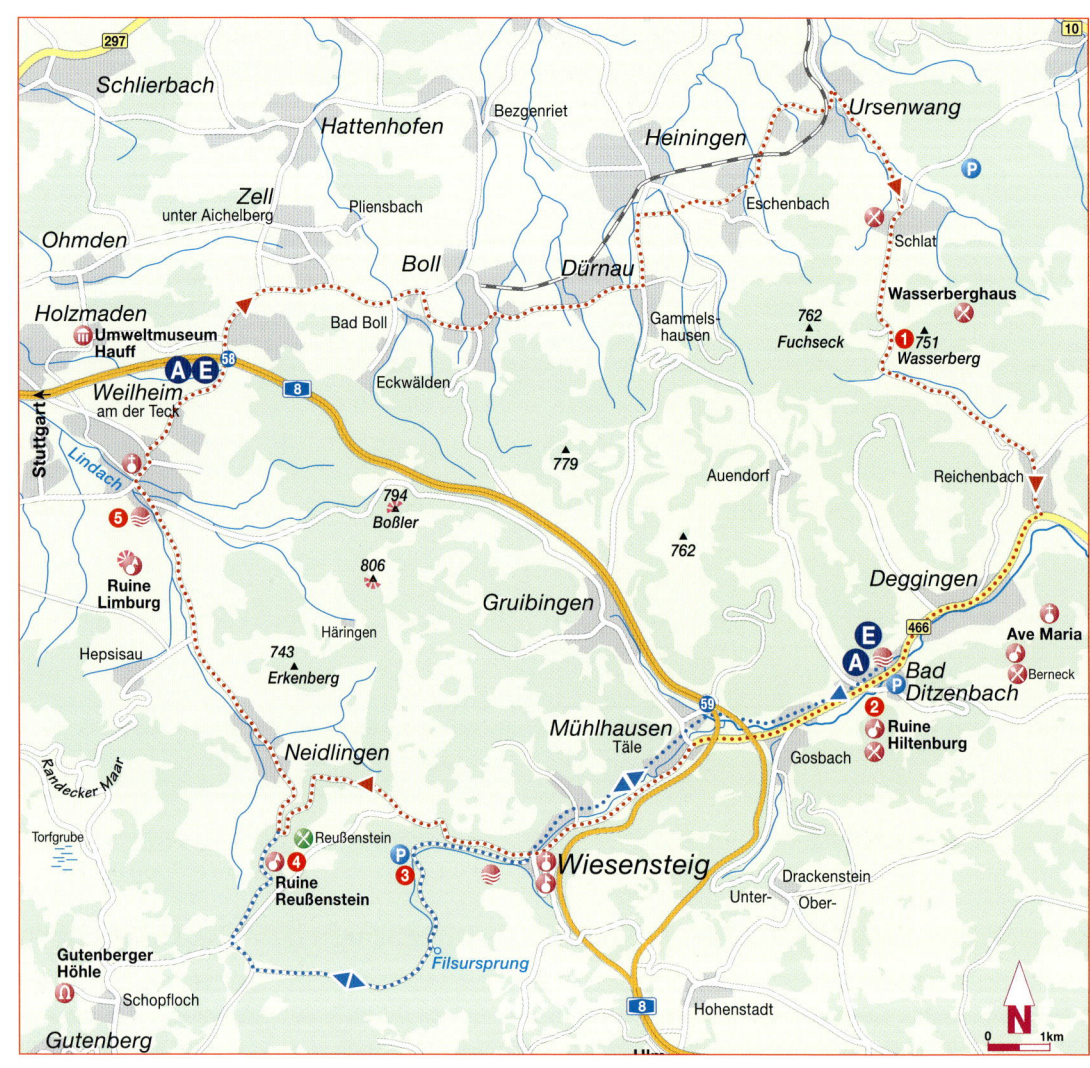

zweigenden Straße wurde nach etwa 2,5 Kilometern ein Wanderparkplatz angelegt, von dem Sie zu Fuß in wenigen Minuten zur Ruine Reußenstein gelangen. Auf der Neidlinger Steige verlassen Sie die Albhochfläche wieder und können in Neidlingen eine in der Nähe des Rathauses stehende »Kugelmühle« besuchen, in der fließendes Wasser Steinbrocken zu perfekten Schmuck-Steinkugeln schleift (geöffnet So und Feiertag 11–18 Uhr). Im breiten Tal der Lindach erreichen Sie das im Albvorland unterhalb der niederen, abgeplatteten Erhebung Limburg gelegene Städtchen Weilheim an der Teck mit sehenswerten Fresken in der Peterskirche und gelangen wenig später zur Autobahn-Anschlussstelle Aichelberg/Weilheim an der Teck.

Radtour im Filstal und zur Burgruine Reußenstein Vom Parkplatz beim Thermal-Mineralbad in Bad Ditzenbach führt die asphaltierte Trasse einer einstigen Schmalspurbahn im Filstal aufwärts nach Wiesensteig, wo die Trasse endet. Auf Ortsstraßen radeln Sie durch die Stadtmitte und entlang der Fils am Freibad vorbei zum Quelltopf der Fils. Geradeaus steigt der breite Weg im Hasental, einem Trockental, stetig leicht an zum Wanderparkplatz Bahnhöfle, und auf der Straße Schopfloch – Wiesensteig/Neidlingen erreichen Sie die Linksabzweigung eines asphaltierten Fußwegs zur Burgruine Reußenstein. Auf dem gleichen Weg kehren Sie bequem nach Bad Ditzenbach zurück.

Wanderung von Deggingen hinauf zur Burgruine Berneck Von Deggingen steigt ein Sträßchen (Markierung: rote Raute), anschließend ein Kreuzweg leicht an zu einem kleinen Kloster mit der barocken Wallfahrtskirche Ave Maria. Recht steil führt ein Waldweg vollends hinauf zur felsigen Talkante, an der Sie sich rechts halten (rote Gabel), das Kilianskreuz passieren und entlang der Talkante die überwachsenen Reste der Burgruine Berneck mit der Buschelkapelle erreichen. Wer einkehren möchte, macht hier einen kurzen Abstecher nach links zu einer traditionellen schwäbischen Gaststätte mit Biergarten (Mo Ruhetag) im Weiler Berneck. Der Weg verläuft weiter an der Talkante, aber schon 200 Meter nach Verlassen der Burgruine führt ein rechts abzweigender Weg nach Deggingen hinunter.

Spaziergänge
(1) Zum Wasserberghaus Von dem in der »Passhöhe« oberhalb von Schlat angelegten Parkplatz führt ein Spaziergang auf einem ansteigenden Waldweg (Markierung: rotes Dreieck, HW 1) zum Albverein-Wanderheim Wasserberghaus (690 m; Di und Mi Ruhetag).

Hinter dem Wanderheim steigen Sie ab, wenden sich am Waldrand scharf nach links und kehren entlang des Waldrands zum Parkplatz zurück (3 km / 1 Std.).

(2) Hinauf zur Ruine Hiltenburg Von einem kleinen Parkplatz bei der Tourismus-Information in Bad Ditzenbach (Markierung: rote Raute) steigen Sie am Hang eines aus dem Talhang vorspringen-

Die barocke Wallfahrtskirche Ave Maria bei Deggingen

den, bewaldeten Bergkegels hinauf in einen Sattel mit einer kleinen Albvereinshütte (am 1. und 3. So im Monat ab 10 Uhr geöffnet) und vollends auf den Gipfel mit den Mauerresten der im 16. Jahrhundert vom württembergischen Herzog Ulrich zerstörten Hiltenburg (hin und zurück 3,5 km / 1 ¼ Std.).

(3) Der Quelltopf der Fils Um den Ausgangspunkt des Spaziergangs zu erreichen, biegen Sie am Ortsende von Wiesensteig von der nach Neidlingen/Weilheim führenden Straße unmittelbar vor der Filsbrücke links ab in Richtung Freibad. Nach 2 Kilometern endet die Straße in einem Wanderparkplatz, von wo ein befestigter Wirtschaftsweg (Markierung: rotes Dreieck, HW 7) zum stark schüttenden Quelltopf der Fils führt (hin und zurück 3 km / 1 Std.).

(4) Burgruine Reußenstein und Reußensteiner Hof Vom Wanderparkplatz an der nach Schopfloch führenden Straße gelangen Sie auf einem asphaltierten Fußweg zur beeindruckenden Burgruine Reußenstein, die auf einem mächtigen Felsklotz am Rande des Neidlinger Tals sitzt; besonders schön ist der Ausblick, wenn im Neidlinger Tal die Kirschbäume blühen. Nach Verlassen der Burgruine folgen Sie nach links einem Waldweg entlang der Hangkante (Markierung: rotes Dreieck, HW 1) zur rustikalen Gaststätte Reußensteiner Hof und kehren auf der Zufahrt des Reußensteiner Hofs zur Straße und zum Parkplatz zurück (2 km / knapp 45 Min.).

(5) Hinauf zur Limburg Vom Parkplatz am Weilheimer Friedhof führt ein Asphaltweg (Markierung: blauer Winkel), anschließend ein Wanderweg auf das kleine Gipfelplateau der Limburg, die im 11. Jahrhundert vom hochadligen Geschlecht der Zähringer als eine der frühesten Steinburgen Südwestdeutschlands errichtet wurde. Heute ist von der Burg allerdings so gut wie nichts mehr zu sehen (hin und zurück 2 km / 45 Min.).

Die mächtige Burgruine Reußenstein sitzt auf einem steil
abfallenden Felsklotz an der
Kante des Neidlinger Tals.

Im Filstal verläuft ein Radweg
bis Wiesensteig auf der Trasse
einer längst eingestellten
Schmalspurbahn.

17 Randecker Maar und Römerstein, Heidengraben und Lenninger Tal

■ **Ausgangspunkt der Autotour**
Anschlussstelle 57 (Kirchheim/Teck-Ost) der A 8 Stuttgart – München

■ **Streckenlängen / Fahr- und Gehzeiten**
Autotour 47 km
Radtour (Lenninger Tal)
31 km / 2–2 ½ Std.
Wanderung (Wielandstein)
5,5 km / 2–2 ½ Std.
Spaziergänge 1–3
1,5–3,5 km /
30 Min.–1 Std.

■ **Tourismus-Information**
Verkehrsverein
Teck-Neuffen,
Tel. 0 70 21/30 27,
www.albtrauf.de

Autotour zu Überresten vulkanischer Aktivität, zu Aussichtsturm und keltischem Wall, Radtour zur Lauterquelle in Schlattstall, Wanderung zu einer Burgruine sowie Spaziergänge zu zwei Burgruinen und zu einem Aussichtsturm

Aus dem Albvorland führt die Autotour auf die Schwäbische Alb zum Randecker Maar und zum Naturschutzgebiet Schopflocher Moor, über Schopfloch zum Aussichtsturm Römerstein und weiter über Böhringen zum Heidengraben bei Grabenstetten. Nach Verlassen der Albhochfläche gelangt man durch das Lenninger Tal, das von der weithin sichtbaren Burg Teck »bewacht« wird, wieder in das Albvorland und zur Autobahn-Anschlussstelle Kirchheim/Teck-Ost.

Auf die Albhochfläche zum Randecker Maar und Schopflocher Moor Von der Autobahn-Anschlussstelle Kirchheim/Teck-Ost folgen Sie der B 465 in Richtung Owen (gesprochen: Auen) und biegen bei Dettingen unter Teck links ab nach Nabern. In der Nähe von Bissingen an der Teck gelangen Sie auf der Bissinger Steige hinauf zur Albhochfläche – gleich an der Hangkante die Linksabzweigung zum Breitenstein, einem hervorragenden Aussichtspunkt – nach Ochsenwang und wenig später an den Rand des Randecker Maars. Hierbei handelt es sich um einen Vulkanschlot, in dem das glutflüssige Magma noch vor einer heftigen Eruption erkaltete und zu Basalttuff wurde, auf dem sich Wasser sammelte. Verlandete ein solcher See wie im nahe gelegenen Schopflocher Moor, bildete sich Torf; aufgrund des einstigen Torfabbaus wird das Schopflocher Moor auch als »Torfgrube« bezeichnet. Im Randecker Maar hatte sich ebenfalls ein See gebildet, aber die fortschreitende Erosion des Albtraufs schnitt den nördlichen Rand des Maars an, sodass der See auslief. Kurz nach dem Randecker Maar passieren Sie das Otto-Hoffmeister-Haus, hinter dem sich das Schopflocher Moor erstreckt.

Römerstein und Heidengraben Vorbei an einem Naturschutzzentrum und durch Schopfloch – im Ort zweigt die Zufahrt zum bewirtschafteten Wanderheim Harpprechthaus ab – erreichen Sie die einzeln stehende Gaststätte Schlatterhöhe, folgen nach links der B 465 und biegen nach 1,5 Kilometern rechts ab. Die Straße führt an der bewaldeten Erhebung Römerstein mit einem Aussichtsturm vorbei (872 m; sonntags geöffnet) nach Böhringen und von der B 28 in Richtung Bad Urach biegen Sie nach 1 Kilometer rechts ab nach Grabenstetten. Bei einem auffälligen Wall etwa 500 Meter vor dem Ort handelt es sich um einen Abschnitt des sogenannten Heidengrabens, der den schmalen Übergang vom Albkörper auf die Berghalbinsel von Grabenstetten/Erkenbrechtsweiler abriegelte; ein 1,5 Kilometer langer Abschnitt des Heidengrabens ist an der Straße Grabenstetten – Erkenbrechtsweiler/Neuffen zu sehen. Die zu einem Wall erodierte Mauer wurde vor über 2000 Jahren von den hier lebenden Kelten errichtet und umschloss ein etwa 1600 Hektar großes Gebiet mit einer Siedlung. Die Römer bezeichneten eine solche befestigte Anlage, die in unruhigen Zeiten auch als Fliehburg diente, als Oppidum (städtische Siedlung).

In der Burg Teck am Ausgang des Lenninger Tals wurden ein Wanderheim und eine Gaststätte eingerichtet.

Durch das Lenninger Tal In Grabenstetten biegen Sie rechts ab, fahren hinunter in das als Lenninger Tal bezeichnete Tal der Lauter und talabwärts nach Oberlenningen mit einer kleinen romanischen Kirche, dem in der Nähe stehenden Fachwerkgebäude »Schlössle«, einst Sitz des Ortsadels, und der Papierfabrik Scheufelen. Durch Unterlenningen und Brucken gelangen Sie nach Owen; im Chor der Kirche befindet sich das Grab des Herzogs Konrad II. von Teck, der im Jahr 1292 starb, kurz nachdem er (vermutlich) zum deutschen König gewählt worden war. Am Fuß des Teckbergs mit der weithin sichtbaren Burgruine Teck, in der ein Wanderheim und eine Gaststätte (Mo und Di Ruhetag) eingerichtet wurden, erreichen Sie wieder die Autobahn-Anschlussstelle Kirchheim/Teck-Ost.

In dem unter Naturschutz stehenden Schopflocher Moor, der so genannten Torfgrube, wachsen zahlreiche seltene Pflanzen wie die Sibirische Schwertlilie.

Radtour: Im Lenninger Tal nach Schlattstall Vom Parkplatz bei den Sportanlagen von Dettingen unter Teck führt die mit Radwegweisern versehene Strecke im Lenninger Tal sanft aufwärts nach Owen. Über Brucken sowie Unter- und Oberlenningen gelangen Sie in das rechter Hand liegende Dörfchen Schlattstall mit der als Goldloch bezeichneten Quelle der Schwarzen Lauter; die Weiße Lauter entspringt bei Gutenberg. Auf dem gleichen Weg kehren Sie bequem nach Dettingen zurück.

Wanderung: Von Oberlenningen zum Wielandstein Vom Parkplatz am Friedhof in Oberlenningen kreuzen Sie die Straße Hohe Steige, verlassen den Ort (Markierung: rote Raute) und steigen am Hang des unter Naturschutz stehenden Tobeltals stetig an zur felsigen Talkante. Einem befestigten Wirtschaftsweg folgen Sie nach rechts, biegen nach 1 Kilometer rechts ab (rote Raute) und gelangen auf einen schmalen Bergsporn mit der Burgruine Hinterer Wielandstein. Diese 1525 im Bauernkrieg zerstörte Burg war nur eine von einst vier dicht hintereinander sitzenden Burgen. Von der Ruine gehen Sie wenige Meter zurück und steigen auf einem rechts abzweigenden Waldweg (rote Raute) nach Oberlenningen ab, passieren ein Freibad und kehren zum Ausgangspunkt zurück.

Ein Holzsteg über den Burg-graben führt in die Burgruine Untere Diepoldsburg, die im Volksmund als Rauber bezeichnet wird.

Spaziergänge

(1) Zur Burgruine Rauber Anfahrt: Unmittelbar nachdem Sie auf der Bissinger Steige die Albhochfläche erreicht haben, biegen Sie rechts ab und folgen einem Sträßchen 1 Kilometer weit zu einem Parkplatz am Waldrand. Zu Fuß folgen Sie dem Sträßchen (Markierung: rotes Dreieck, HW 1) zum Anwesen Diepoldsburg, einem Jugend- und Tagungszentrum, gehen zwischen den Gebäuden hindurch und erreichen auf einem schmalen, felsigen Bergsporn die dicht von Bäumen umstandene Burgruine Rauber (hin und zurück 2,5 km / 45 Min.).

An einer Gabelung des gut
beschilderten Radwegs im
Lenninger Tal

(2) Anstieg zum Römerstein-Aussichtsturm   Anfahrt: Von der B 465 biegen Sie bei Donnstetten auf die nach Böhringen führende Straße ab und erreichen nach 1,5 Kilometer einen Parkplatz. Von hier führt ein Waldweg (Markierung: gelbe Gabel) hinauf zu dem an Sonntagen geöffneten Aussichtsturm (872 m; hin und zurück 1,5 km / 30 Min.).

(3) Zur Burgruine Hofen   Am Parkplatz beim Heidengraben überqueren Sie die Straße (Markierung: Täfelchen mit keltischem Radnabenstift) und folgen den Markierungen zu einem Aussiedlerhof, an-

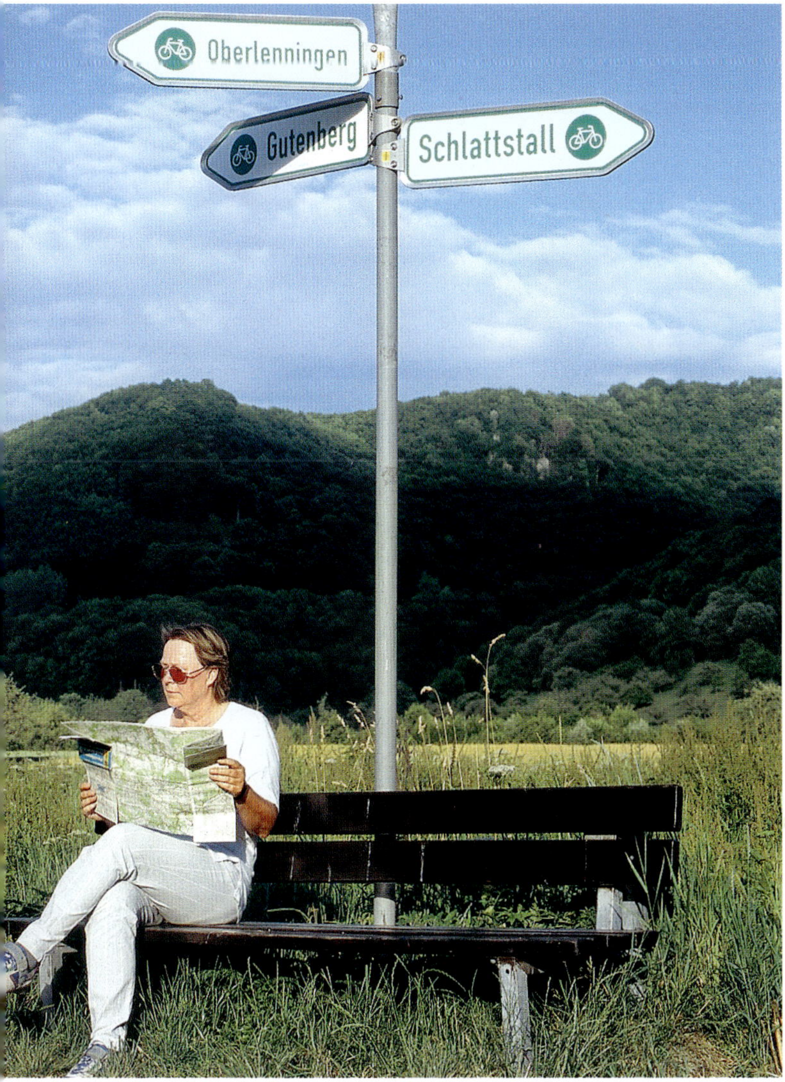

EINKEHR

■ **Schopflocher Moor**
Otto-Hoffmeister-Haus, Gartenwirtschaft, Mo und Di Ruhetag

■ **Bei Schopfloch**
Alpenvereinshaus Harp-prechthaus, Terrasse, Mo Ruhetag

■ **Böhringen**
Gaststätte Hirsch, Terrasse, Mo und Di Ruhetag

■ **Schlattstall**
(Abstecher 1 km) Gaststätte Hirsch, Mo und Di Ruhetag

Blick in das Randecker Maar; weit im Hintergrund die »Kaiserberge« Hohenstaufen, Hohenrechberg und, rechts im Bild gerade noch zu sehen, Stuifen.

schließend zum Waldrand und zu den wenigen Überresten der kleinen, auf einem steilen Felsen sitzenden Burgruine Hofen. Ein breiter Wirtschaftsweg führt nach Grabenstetten. Nach links entlang der Ortsdurchfahrt kehren Sie zum Ausgangspunkt zurück (3,5 km / 1 Std.).

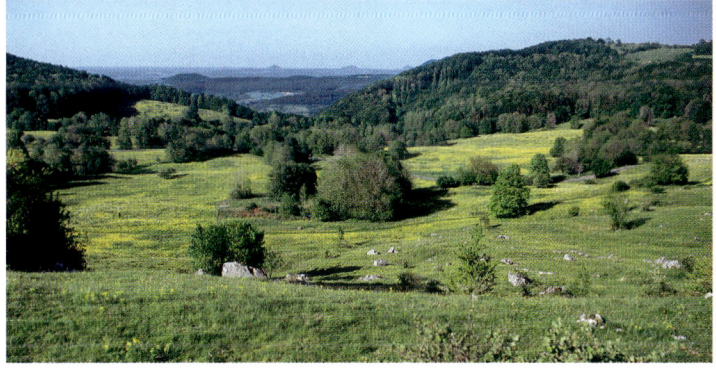

18

Wanderung aus dem Lenninger Tal zum Römerstein

Anstieg zur Burgruine Sperberseck und zu einem Aussichtsturm, Abstieg ins Tal zwischen hohen Felswänden

■ **Ausgangspunkt**
Gutenberg

■ **Anfahrt**
A 8 Stuttgart – München, Ausfahrt 57 (Kirchheim/Teck-Ost); B 465 über Owen in Richtung Blaubeuren/Ulm in den Talschluss nach Gutenberg, Parkplatz kurz vor Ortsbeginn in einer Linkskurve der Straße

■ **Streckenlänge / Gehzeit**
14,5 km / 4–4 ½ Std.

■ **Tourismus-Information**
Verkehrsverein Teck-Neuffen,
Tel. 0 70 21/30 27,
www.albtrauf.de

Aus dem Lenninger Tal führt die Wanderung in einem längeren Anstieg streckenweise steil hinauf zur Albhochfläche, recht bequem zum Römerstein-Aussichtsturm und zwischen Felswänden wieder steil hinunter ins Tal. Der Name des Aussichtsturms geht vermutlich auf den Flurnamen Remhartstein zurück und nicht auf die römischen Truppen, die vor knapp 2000 Jahren beim nahe gelegenen Ort Donnstetten ein Kastell errichtet hatten. An Sonn- und Feiertagen ist der Aussichtsturm geöffnet, während man an Werktagen den Schlüssel im Gasthaus Löwen in Gutenberg abholen muss (am Ortsbeginn in einer Rechtskurve der Straße links abbiegen).

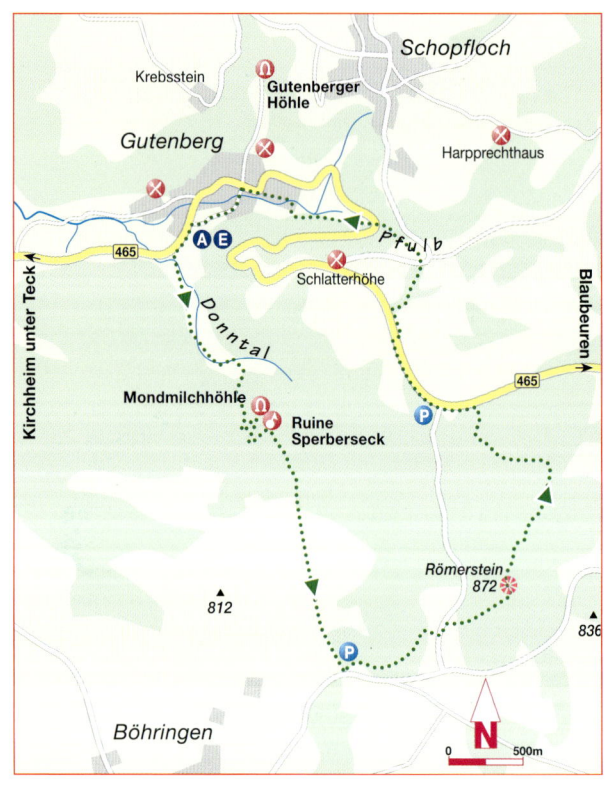

Über die Burgruine Sperberseck zum Römerstein Vom Parkplatz am Ortsrand Gutenberg folgen Sie talabwärts einer Trittspur neben der Straße und biegen nach 300 Metern links ab (Markierung: rote Gabel). Ein leicht ansteigender Wirtschaftsweg führt im Donntal neben einem Lauter-Zufluss, der über zahlreiche Kalksinterstufen abfließt, zu einer Weggabelung, an der Sie sich rechts halten (gelbes Dreieck, Sperberseck) und in Kehren steil ansteigen zum Albtrauf. Ein Abstecher nach links (hin und zurück 10 Min.) führt zu den Mauerresten der auf einem Bergsporn sitzenden Burgruine Sperberseck. Wenig später verlässt der Wanderweg den Wald und führt zur Straße Böhringen – Donnstetten. Hier wenden Sie sich an einem Wanderparkplatz nach links, überqueren die Straße Böhringen – B 465 und steigen am bewaldeten Hang des Römersteins etwas steiler an zu einem Aussichtsturm, einer Schutzhütte und Grillstellen; mit einer Höhe von 872 m ist der Römerstein die höchste Erhebung der Mittleren Alb, sodass bei guten Sichtverhältnissen die Alpen zu sehen sind.

Vom Römerstein zur Pfulb Hinter dem Turm folgen Sie einem Waldweg (rote Gabel) – nicht nach rechts dem ebenfalls mit roter

EINKEHR

■ **Gutenberg**
Gaststätte Löwen, Mo und Di Ruhetag
Sportgaststätte, Mo Ruhetag

Zwischen hohen Felswänden steigt man in der Pfulb von der Albhochfläche hinunter nach Gutenberg.

Gutenberg im Lenninger Tal

Gabel markierten Weg in Richtung Donnstetten folgen! – bequem hinunter zur B 465 Blaubeuren – Kirchheim/Teck. Neben der Bundesstraße führt der Weg nach links, kreuzt das oben erwähnte Sträßchen Böhringen – B 465 und setzt sich als Asphaltweg entlang der B 465 fort. Nach 700 Metern überqueren Sie die Straße, steigen auf einem Wiesenhang, der sich im Winter als Skihang »Pfulb« großer Beliebtheit erfreut, zu der nach Schopfloch führenden Straße ab und halten sich nach Überqueren der Straße an einer Weggabelung geradeaus (rote Gabel).

Durch die Pfulb nach Gutenberg Zwischen hohen Felswänden führt ein stellenweise mit Geländern gesicherter, nach Niederschlägen rutschiger Pfad steil bergab, kreuzt die Gutenberger Steige und erreicht bei der Quelle der Weißen Lauter den Talgrund. Entlang des Bachs und nach rechts über das Betriebsgelände eines früheren Sägewerks erreichen Sie Gutenberg und biegen in der Ortsmitte an der Bushaltestelle Post links ab. Vorbei an der Kirche kehren Sie entlang des südlichen Ortsrands an Ihren Ausgangspunkt zurück.

Bild rechts: Das Bächlein im Donntal fließt über zahllose Stufen aus Kalksinter ab.

19 Wanderung nach Seeburg und zur Burgruine Hohenwittlingen

Enge Felsschlucht, Burgruine und Tropfsteinhöhle

■ **Ausgangspunkt**
Kleiner Parkplatz im See-
burger Tal an der B 465
Bad Urach-Münsingen

■ **Anfahrt**
Von Reutlingen B 28
nach Bad Urach und ge-
radeaus B 465 in Rich-
tung Münsingen; 2 km
hinter Bad Urach,
ca. 50 m nach der Links-
abzweigung Wittlingen,
ist ein kleiner Parkplatz

■ **Streckenlänge / Gehzeit**
11 km / 3 1/2–4 Std.

■ **Tourismus-Information**
Bad Urach,
Tel. 0 71 25/94 32-0,
www.bad-urach.de

Bild rechts: Die Burgruine Hohenwittlingen hoch über dem Seeburger Tal

Bis vor einigen Jahrzehnten gehörte der »Rulaman« zur selbst auferlegten Pflichtlektüre eines jeden Jugendlichen in der Umgebung. Rulaman, ein Häuptlingssohn aus der Steinzeit, ist der Held dieses wissenschaftlich längst überholten Jugendbuchs, das sich der Zoologe David Friedrich Weinland (1829–1915) auf seinem Wohnsitz, dem Hofgut Hohenwittlingen, für seine Söhne ausdachte. Einer der Romanschauplätze ist die Schillerhöhle unterhalb der Burgruine Hohenwittlingen.

Wittlinger Schlucht, Wittlingen und Seeburg Aus dem Seeburger Tal, wie das Tal der Erms zwischen Seeburg und Bad Urach genannt wird, führt ein als Steinzeit-Lehrpfad mit Schautafeln versehener Forstweg (Markierung: gelbe Raute, gelbe Gabel) entlang des Föhrenbachs talaufwärts. Während im engen Talschluss der markierte Weg rechts abknickt in Richtung Hohenwittlingen, überqueren Sie den Bach und steigen auf einem Pfad durch die enge, felsige Wittlinger Schlucht zur Albhochfläche hinauf und nach Wittlingen. Im Ort folgen Sie nach rechts der Wandermarkierung (gelbes Dreieck) und steigen zum Waldrand an, wo der Fahrweg nach links zum Sportplatz führt. Entlang des Waldrands, durch ein Wiesental und durch Wald gelangen Sie in einen Sattel und nach links zum Café Schlössle im Seeburger Tal. An der B 465 erreichen Sie das Dörfchen Seeburg, wo drei Täler zusammenlaufen: Das Seetal mit der B 465, das Mühltal, in dem die Erms entspringt, und das Fischburgtal, in dem sich der sogenannte »Bodenlose See« ab der Kirche ca. 2 Kilometer weit in das Tal hinaufzog. Im 19. Jahrhundert wurde der durch eine natürliche Kalktuffbarriere gestaute See abgelassen.

Zur Burgruine Hohenwittlingen Nach links überqueren Sie sowohl die B 465 als auch die Erms (gelbe Gabel) und folgen dem »Grünen Weg«, einem Fuß- und Radweg, talabwärts durch das Seeburger Tal. Etwa 600 Meter nach einer Grillstelle (gelbe Gabel, Ho-

henwittlingen) überqueren Sie die Erms und die B 465, steigen in Kehren an und können an einer Weggabelung nach links (keine Wandermarkierung) einen Abstecher machen zur Burgstelle Baldeck, einem felsigen Aussichtspunkt hoch über dem Seeburger Tal. Vom »Mörderschlössle«, wie die Burgruine im 17./18. Jahrhundert genannt wurde, als Wegelagerer hier Unterschlupf fanden, ist allerdings kaum mehr etwas zu sehen. Von der Burgstelle kehren Sie steil bergauf zum Wanderweg zurück, queren einen Taleinschnitt und steigen stetig leicht an zur Burgruine Hohenwittlingen. Die auf einem Felssporn sitzende Burg war gegen Angriffe von der Hochfläche her durch

Gräben sowie eine hohe Schildmauer geschützt. Auf den Mauerresten befindet sich heute eine Aussichtsplattform.

Wer den einstigen Wohnsitz des »Rulaman«-Autors D. F. Weinland (privat; keine Besichtigung möglich) besuchen möchte, muss aus dem Burggraben der Ausschilderung »Wittlingen« zum Hofgut Hohenwittlingen folgen (hin und zurück ca. 15 Min.).

Über die Schillerhöhle zurück zum Ausgangspunkt. Bei einer Schutzhütte im Burggraben folgen Sie einem Pfad (gelbe Gabel), der über Stufen steil abwärts führt zur Schillerhöhle. Diese 91 Meter lange, begehbare Höhle – zum Schutz der Fledermäuse zwischen November und April geschlossen – ist die Tulkahöhle des »Rulamans«. Sie steigen vollends hinunter in das Tal und kehren entlang des Föhrenbachs an Ihren Ausgangspunkt zurück.

EINKEHR

■ **Bei Seeburg**
Café Schlössle, Terrasse,
Mo Ruhetag

Bild links: Das Café Schlössle bei Seeburg

Bild oben: Auf einem Felsen saß einst die als »Mörderschlössle« bezeichnete, mittlerweile verschwundene Burg Baldeck.

20

Am Nordrand der Schwäbischen Alb bei Reutlingen

Autotour zur Nebelhöhle, zum Gestütshof St. Johann und zu sieben Keltern in Metzingen, Wanderungen zu einer Burgruine und zu Schloss Lichtenstein sowie Spaziergänge zu zwei Aussichtstürmen, zu einem Gestütshof, einem Wildgehege und rund um den Glemser Stausee

■ **Ausgangspunkt der Autotour**
Reutlingen

■ **Anfahrt**
A 8, Stuttgart – München, Anschlussstelle 52 b (Degerloch), B 27 in Richtung Reutlingen/Tübingen und nach ca. 20 km abbiegen nach Reutlingen

■ **Streckenlängen / Gehzeiten**
Autotour   ca. 55 km
Wanderung 1 (Gönningen) 9 km / 3 Std.
Wanderung 2 (Nebel-höhle)   9 km / 3 Std.
Spaziergänge 1–6   1,5–3,5 km / 30 Min.–1 Std.

■ **Tourismus-Information**
Reutlingen, Tel.
0 71 21/3 03-26 22,
www.reutlingen.de

Die Autotour von Reutlingen auf die Hochfläche der Schwäbischen Alb bietet u. a. Aussichtspunkte, eine Tropfsteinhöhle und einen jahrhundertealten Gestütshof. Wer die Tour unterbrechen und zu Fuß unterwegs sein möchte, kann die überwachsenen Reste der Burgruine Stöffelberg und die Wiesazseen bei Gönningen erkunden oder zu einem Aussichtsturm auf dem Rossberg hochsteigen, von der Nebelhöhle zum Schloss Lichtenstein wandern oder während eines Spaziergangs bei Holzelfingen von der Talkante auf Schloss Lichtenstein blicken. Außerdem ist es möglich, beim

Gestütsgasthof St. Johann den Aussichtsturm Hohe Warte zu besteigen oder Stuten mit ihren Fohlen am Fohlenhof zu beobachten, auf der Eninger Weide ein Wildgehege zu besuchen oder am Fuß der Alb bei Glems einen kleinen Stausee zu umrunden.

Von Reutlingen nach Gönningen Vor dem Beginn der Autotour in Reutlingen lohnt ein Besuch des auf halber Hanghöhe der Achalm stehenden Restaurant-Cafés Achalm, denn die große Terrasse erlaubt einen hervorragenden Blick auf die Stadt und den bewaldeten, steil ansteigenden Albrand. Auf dem Gipfel des kegelförmigen Reutlinger Hausbergs Achalm steht die nur zu Fuß in etwa 30 Minuten erreichbare Burgruine Achalm, deren Bergfried als Aussichtsturm dient.

Die Stadtmitte von Reutlingen verlassen Sie in Richtung Stadion Kreuzeiche/Gönningen. So gelangen Sie in das unmittelbar am Fuß des Albrands im Tal des Flüsschens Wiesaz gelegene Gönningen, dessen Grünanlagen, insbesondere aber der Friedhof im Frühjahr, von einer verschwenderischen Fülle farbenprächtiger Tulpen geprägt sind. Sehenswert ist auch das Samenhandelsmuseum im Rathaus (Mi, Fr 8–12, Do 8–12 und 14–17 Uhr, Mai–Sept. auch So 11–

EINKEHR
■ **Achalm**
Restaurant-Café Achalm, kein Ruhetag
■ **Holzelfingen**
Stahlecker Hof, Mo Ruhetag
■ **St. Johann**
Gestütsgasthof St. Johann, Mo Ruhetag
■ **Bei Glems**
Stausee-Hotel, Mo Ruhetag

Der Glemser Stausee am Fuß der Schwäbischen Alb

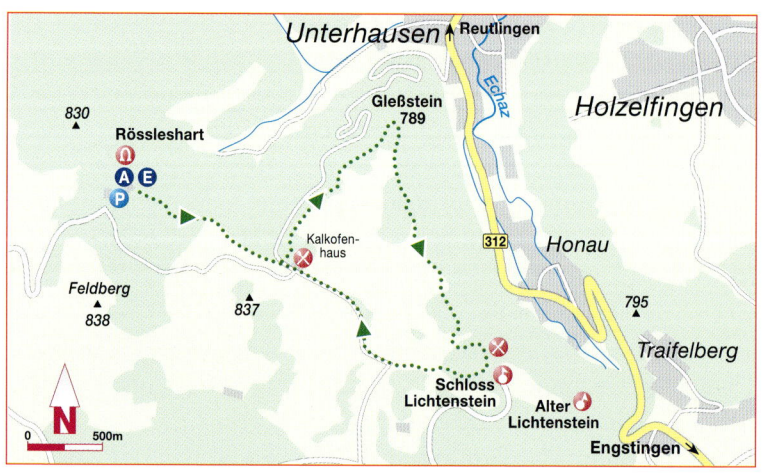

15 Uhr), in dem dokumentiert wird, wie seit Mitte des 18. Jahrhunderts aus Existenznot ein Teil der Gönninger Kleinbauern und Tagelöhner mit Samen und Blumenzwiebeln im Gepäck als Hausierer loszog. Dieser Handel erwies sich als so einträglich, dass im 19. Jahrhundert sogar Handelsfahrten bis nach Russland und in die Vereinigten Staaten unternommen sowie einige Handelsniederlassungen im Ausland gegründet wurden.

Der Rossberg und die Nebelhöhle In Gönningen halten Sie sich am auffälligen Rathaus mit Arkaden rechts und gelangen auf der schmalen, steil ansteigenden Rossbergsteige hinauf zur Kante der Albhochfläche. Rechter Hand erhebt sich der kegelförmige Rossberg (869 m), auf dem sich ein Aussichtsturm und eine Gaststätte befinden.

In der Nebelhöhle

Kurz hinter Genkingen biegen Sie links ab in Richtung Pfullingen und wenden sich gleich wieder nach rechts zur Nebelhöhle, einer 380 Meter langen Tropfsteinhöhle, die als eine der schönsten Schauhöhlen der Schwäbischen Alb gilt. Bekannt wurde die Höhle durch den Besuch des württembergischen Kurfürsten Friedrich im Jahr 1803 und das alljährlich am Pfingstmontag gefeierte Nebelhöhlenfest, das erste Höhlenfest auf der Alb. Zur Bekanntheit trug aber auch Wilhelm Hauffs Roman »Lichtenstein« (1826) bei, demzufolge sich, historisch allerdings nicht belegt, Anfang des 16. Jahrhunderts der berüchtigte, wegen schwerer Rechtsbrüche vom Kaiser geächtete württembergische Herzog Ulrich vor seinen Häschern in der Nebelhöhle versteckt hielt.

Über St. Johann, Eningen unter Achalm und Glems nach Metzingen. Von der Nebelhöhle führt das Sträßchen weiter zur Kalkofenhütte und hinunter nach Lichtenstein-Unterhausen im Tal der Echaz. Aus dem Ort folgen Sie einer alten Steige in das an der Kante der Albhochfläche gelegene Holzelfingen und biegen im Ort links ab in Richtung St. Johann-Ohnastetten. Vorbei an der Linksabzweigung zur Gaststätte Stahlecker Hof gelangen Sie auf der sanft gewellten Albhochfläche durch Ohnastetten und Würtingen zum Gestütshof St. Johann – in dem für Besucher offenen Stall stehen Hengste – mit einer Gaststätte und einem Hofladen. Nach weiteren 1,5 Kilometern passieren Sie die Rechtsabzweigung eines Sträßchens, das auf die Eninger Weide mit Grillstellen und einem Rotwild- sowie einem Schwarzwildgehege führt. Von der Albhochfläche führt die Straße hinab nach Eningen unter Achalm, wo Sie sich gleich am Ortsbeginn rechts halten, an einem Kreisverkehr erneut rechts und nach 500 Metern wieder rechts abbiegen in Richtung Glems. Auf der kurvenreichen Straße, vorbei an einem Hotel-Restaurant oberhalb des Glemser Stausees, und durch den kleinen Ort Glems erreichen Sie das Tal der Erms und folgen in Neuhausen der Ortsdurchfahrt talabwärts nach Metzingen. Hier lohnt zum Abschluss der Tour ein Besuch des Kelternplatzes, denn das **Ensemble von sieben Keltern** ist einzigartig in Baden-Württemberg. In einer der restaurierten Keltern wurde ein Weinmuseum eingerichtet, in einer anderen Kelter befinden sich ein Eiscafé und ein Restaurant.

Aufgrund der vielfältigen Formen der Tropfsteine zählt die Nebelhöhle zu den schönsten Schauhöhlen der Schwäbischen Alb.

An der Kante des Echaztals sitzt das erst im 19. Jahrhundert errichtete »Märchenschloss« Lichtenstein.

Wanderungen

(1) Auf den Stöffelberg und zu den Wiesazseen Von Gönningen steigen Sie am bewaldeten Südhang der kleinen Berghalbinsel Stöffelberg zur Hochfläche auf (Markierung: blaue Gabel) und erreichen die Gräben und die zu überwachsenen Wällen erodierten einstigen Mauern der Burgruine Stöffelberg. Es handelt sich um eine so genannte Abschnittsburg, d. h. hier standen zwei eigenständige Burgen unmittelbar hintereinander. Entlang der Hangkante führt der Weg zu einem Aussichtspunkt mit Grillstelle an der nördlichen Talkante, wenig später über die Hochfläche und entlang des Waldrands an der südlichen Hangkante. Nach dem Abstieg (blaues Dreieck) in das Tal der Wiesaz liegen jenseits einer Landstraße die drei Wiesazseen und ein stillgelegter Steinbruch, in dem der durch Kalkablagerungen im Flussbett gebildete Kalktuff (Sinter) gebrochen wurde. Aufgrund seiner Porosität dämmt Kalktuff die Wärme und wurde infolgedessen häufig für den Hausbau benutzt, wie an zahlreichen Gebäuden in Gönningen zu sehen ist. Sie umrunden den ersten der drei Seen und stoßen weiter talabwärts (keine Markierung) an einem Parkplatz auf einen Forstweg, den Sie nach 200 Metern nach rechts verlassen. Zunächst im Wald, anschließend auf der offenen Talsohle kehren Sie bequem nach Gönningen zurück.

(2) Von der Nebelhöhle zu Schloss Lichtenstein Entlang des Albtraufs (Markierung: rotes Dreieck, HW 1 und HW 5) führt der Weg über die Gaststätte Kalkofenhütte zum Aussichtsfels Gießstein an der Kante des Echaztals und zu dem auf einem steil fallenden Felsen sitzenden »Märchenschloss« Lichtenstein (Führungen April– Okt. täglich, Nov., Febr. und März nur Sa, So und Feiertage). Anhand der »roten Gabel« gelangen Sie zur Kalkofenhütte und kehren auf dem vom Beginn der Wanderung bekannten Weg zur Nebelhöhle zurück.

Spaziergänge

(1) Auf den Rossberg Am Nordhang des Rossbergs führt ein Waldweg hinauf zum Aussichtsturm mit der Gaststätte Rossberghaus (Mo und Di Ruhetag). Beim Abstieg am Westhang folgen Sie zunächst der Markierung »blaue Gabel«, anschließend dem »blauen Dreieck« zum Fuß des Rossbergs. Nach links (keine Markierung) kehren Sie am Fuß des Rossbergs in einem weiten Bogen zum Parkplatz zurück (2,5 km / knapp 1 Std.).

Im Frühjahr blühen auf dem Friedhof von Gönningen zahllose verschiedenfarbige Tulpen.

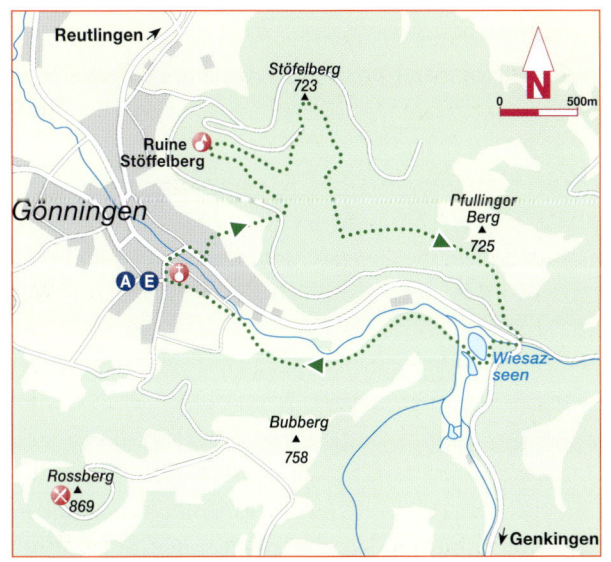

Auf dem Kelternplatz in Metzingen steht ein außergewöhnliches Ensemble von sieben Keltern.

(2) Zur Kante des Echaztals Von der Kirche in Holzelfingen führt ein Wirtschaftsweg (Markierung: blaues Dreieck) an die Kante des Echaztals und nach links entlang der Talkante zu einem Aussichtspunkt, von dem aus Schloss Lichtenstein an der jenseitigen Talkante zu sehen ist. Auf einem links abzweigenden Weg (Markierung: rotes Dreieck, HW 1) kehren Sie nach Holzelfingen zurück (4 km / 1 ¼ Std.).

(3) Zur Hohen Warte Vom Gestütshof St. Johann führt eine Allee zum nahe gelegenen Waldrand (Markierung: rotes Dreieck, HW 1) und geradeaus steigt ein Waldweg kurz an zu dem vom Albverein errichteten Aussichtsturm (820 m; hin und zurück 1,5 km / 30 Min.).

(4) Zum Fohlenhof Vom Gestütshof St. Johann führt eine weitere, nahezu schnurgerade Allee 1,5 Kilometer weit zum Fohlenhof, in dem Stuten mit ihren Fohlen gehalten werden. Der Stall ist nicht zugänglich, aber oftmals sind die Tiere auf den Koppeln zu sehen (hin und zurück 3 km / 1 Std.).

(5) Die Eninger Weide Bequem lassen sich auf breiten Wirtschafts- und Waldwegen ein Schwarzwild- und ein Rotwildgehege umrunden (knapp 1,5 km / 30 Min.), und wer den Spaziergang um 20 Minuten ausdehnen möchte, geht anschließend an einem nahezu kreisrunden Speicherbecken entlang zum Wanderheim Eninger Weide (geöffnet

Sa und So ab 9 Uhr, März–
Okt. auch Do und Fr ab
14 Uhr).

**(6) Umrundung des Glem-
ser Stausees** Am Parkplatz
beim Stausee-Hotel beginnt
ein bequemer Weg, der sich
am Westufer vom Stausee
entfernt, durch Wald zum
Nordufer und zurück zum
Ausgangspunkt führt (gut
3 km / 1 Std.).

*Auf der Eninger Weide wur-
den ein Gehege für Schwarz-
wild und eines für Rotwild angelegt.*

*Die Gestütshöfe St. Johann
und Fohlenhof sind Außen-
stellen des im Tal der Großen
Lauter liegenden Gestüts
Marbach.*

21

Durch den Schönbuch zum Kloster Bebenhausen

Autotour zu einem Museum für Volkskultur in Waldenbuch, zum Kloster Bebenhausen und nach Einsiedel, Spaziergang zum Uhlberg-Aussichtsturm, Stadtlehrpfad in Waldenbuch und Rundgang um das Kloster Bebenhausen

■ **Ausgangspunkt der Autotour**
Aich

■ **Anfahrt**
B 27 Stuttgart – Tübingen; der abzweigenden B 312 in Richtung Reutlingen folgen, nach 1,5 km abbiegen nach Aich

■ **Streckenlängen / Fahr- und Gehzeiten**
Autotour ca. 40 km
Spaziergänge 1–4
1 ½–4 ½ km / 20 Min.– 1 ½ Std.

■ **Tourist-Information**
Waldenbuch,
Tel. 0 71 57/12 93-0,
www.waldenbuch.de
Informationszentrum Naturpark Schönbuch,
Tel. 0 70 71/60 22 62,
www.naturpark-schoen-buch.de

Der Schönbuch, ein ausgedehntes, von Bachläufen durchschnittenes Waldgebiet, wurde vom württembergischen Herrscherhaus als Jagdrevier genutzt. Heute ist er als Naturpark geschützt und als Erholungsgebiet mit Wander- und Radwegen, Wildgehegen und Rastplätzen sehr beliebt. Etwas ruhiger geht es zu im östlichen Teil des Naturparks, doch im Kloster Bebenhausen wird man auf eine Vielzahl weiterer Besucher stoßen, vor allem an Wochenenden.

Im Aichtal nach Waldenbuch und Dettenhausen Von Aich fahren Sie im Aichtal, das am Rand des Naturparks verläuft, talaufwärts ins ruhige Neuenhaus, wo das Häfnerhandwerk Tradition hatte. Mitte des 19. Jahrhunderts waren hier 80 Töpfer tätig; den Ton holten sie in Tongruben südwestlich des Dorfs. »Häfner-Neuenhaus« wurde

EINKEHR

■ **Neuenhaus**
Gasthaus zum Uhlberg
mit Biergarten,
Mo Ruhetag
■ **An der Burkhardtsmühle**
Biergarten Waldmeister,
Mo Ruhetag
■ **Waldenbuch**
Café am Markt,
Mo Ruhetag
■ **Schönbuch**
Weiler Hütte mit großem
Biergarten im Wald,
Mo, im Winter auch Di
und Mi Ruhetag
■ **Bebenhausen**
Landhotel Hirsch mit Ter-
rasse, Di Ruhetag

*Der prächtige Dachreiter
auf der Klosterkirche
Bebenhausen*

der Ort deshalb auch genannt, in dem um 1960 der letzte Häfner-
meister seine Werkstatt schloss. Seither erinnert nur noch das Häfnermuseum an jene Zeit (2. So im Monat 10–16 Uhr). Durch das
Wiesental der Aich gelangen Sie zur Burkhardtsmühle, wo das bei
Radfahrern äußerst beliebte Siebenmühlental einmündet. Der Biergarten am Beginn dieser Radstrecke ist deshalb auch meistens gut besucht.

Am Kirch- und Marktplatz von Waldenbuch

In dem auf einer niederen Anhöhe gelegenen Städtchen Waldenbuch ließen im 16. und 17. Jahrhundert die württembergischen Herzöge ein Renaissance-Schloss errichten, in dem sie sich bevorzugt zur Jagd aufhielten. Heute ist hier ein interessantes Museum für Volkskultur untergebracht (Di–Sa 10–17, So 10–18 Uhr). Die Reste der Stadtmauer und weitere historische Gebäude in der überschaubaren Altstadt kann man auf einem Stadtlehrpfad erkunden. Für Schokoladenliebhaber ein Muss ist ein Besuch der Schokoladenfabrik »Ritter Sport«: Im Besucherzentrum »Schokoladen« informiert die »SchokoAusstellung« über die Herstellung von Schokolade und im »SchokoShop« gibt es das gesamte Ritter-Sport-Angebot zu kaufen. Um Quadrate in der Kunst geht es im Museum Ritter (Mo–Fr 8–18.30, Sa 9–18 und an einigen Sonn- und Feiertagen 11–18 Uhr).

Am südlichen Stadtrand folgen Sie der Straße nach Dettenhausen und erreichen durch Wald die am Rand des Naturparks gelegene Gemeinde Dettenhausen, wo Sie sich im Schönbuchmuseum über die wechselvolle Geschichte des Walds und dessen Nutzung z. B. als Jagdgebiet informieren können (April–Mitte Dez. So und Fei 14–18 Uhr).

Zum Kloster Bebenhausen In Dettenhausen fahren Sie weiter in Richtung Tübingen/Bebenhausen durch das Waldgebiet Schönbuch. Die Möglichkeit, mitten im Wald in einem Biergarten zu sitzen, bietet sich in der Weiler Hütte (Abstecher von der Tour an der nächsten Kreuzung, der sogenannten Kälberstelle, dort ca. 2 Kilometer auf der B 464 in Richtung Böblingen und nach 2,5 Kilometern rechts abbiegen). Zurück auf der Straße Dettenhausen – Tübingen bietet sich die Möglichkeit, nach 2,5 Kilometern im Wald beim Parkplatz Seebachwändle zu rasten: Von dort sind es nur wenige hundert Meter zu einer Grillstelle mit Rasthütte und Wassertretstelle am Brühlweiher. Kurz darauf erreichen Sie Bebenhausen mit dem ehemaligen Kloster, das als Musterbeispiel einer mittelalterlichen Klosteranlage gilt. Die Zweiteilung in einen inneren und äußeren Klosterbereich ist gut erhalten: Eine Mauer mit Wehrgang umschließt den so genannten inneren Bereich, die Klausur (abgeschlossener, eingefriedeter Bereich) mit Konventsgebäuden, Kreuzgang, spätromanischer Kirche, Abtshaus, Kräutergärtlein und Friedhof. Dieser burgartig befestigte Bereich grenzte im Osten an einen Fischweiher und wurde durch einen Torturm betreten. Eine niedere Mauer umgibt den sich halbkreisartig anschließenden äußeren Bereich mit Wirtschaftsgebäuden, Mühlkanal und Mühle, Gärten und Herberge. Das einstige Gästehaus ließ sich König Karl von Württemberg im 19. Jahrhundert zum Jagdschloss ausbauen (Besichtigung von Kloster und Schloss 1. April–31. Okt. Di–So 9–18, das Kloster ist zusätzlich geöffnet Mo 9–12 und 13–18 Uhr; 1. Nov.–1. März Di–So 9–12 und 13–17 Uhr). Im alten Schreibturm befindet sich ein Naturpark-Informationszentrum (1. April–31. Okt. Di–Fr 9–17, Sa, So und Fei 10–17 Uhr).

Nach Einsiedel Sie fahren weiter in Richtung Tübingen, biegen aber im Stadtteil Lustnau links ab in Richtung Pfrondorf. Nachdem Sie Pfrondorf passiert haben, biegen Sie an der nächsten Abzweigung rechts ab und erreichen das auf einer ausgedehnten Lichtung gelegene Einsiedel, im Mittelalter ein Gestüt, das spä-

Römischer Bildstein am geschichtlichen Lehrpfad Einsiedel

119

ter zu einem Jagschloss ausgebaut wurde, heute ein kirchliches Freizeitheim mit einer für jedermann offenen Wanderraststätte (Mai–Okt. So, Fei 10.30– 18 Uhr). Geradeaus erreichen Sie bei Kirchentellinsfurt das Neckartal und die B 27, Stuttgart – Tübingen.

Spaziergänge

(1) Anstieg zum Uhlberg Vom Parkplatz an der Kirche in Neuenhaus folgen Sie der Markierung »rotes Kreuz«, überqueren die Ortsdurchfahrt und steigen auf einem Waldweg streckenweise steil an zum Uhlberg-Aussichtsturm; der Rückweg ist identisch. Der Uhlberg (469 m) ist zwar bewaldet, doch der Aussichtsturm des Schwäbischen Albvereins ermöglicht einen umfassenden Ausblick. Wenn der Turm besucht werden kann (im Sommer Fr 14–19, Sa 13–19, So 10–19 Uhr, während der Sommerferien auch Mi, Do 14–19 Uhr, im Winter Mi, Sa, 13–17, So 10–17 Uhr), ist auch ein Kiosk geöffnet (4,5 km / 1 ½ Std.).

(2) Stadtlehrpfad Waldenbuch Der Rundgang beginnt am Marktplatz und führt zu den Sehenswürdigkeiten in der Altstadt, die mit Informationstafeln gekennzeichnet sind. Pfeile weisen den Weg zur nächsten Sehenswürdigkeit (1,5 km / 20 Min.).

(3) Kloster Bebenhausen Vom Kassenraum – hier verdeutlicht ein Klostermodell die Anlage – halten Sie sich rechts, gehen unter dem Verbindungsgang mit Sonnenuhr hindurch, passieren den Mönchsfriedhof und verlassen den inneren Klosterbereich durch ein kleines Tor. An der ehemaligen Herberge vorbei gelangen Sie auf einem Asphaltweg zu einer Kreuzung, wo der Weg »Am Jordan« nach links führt und oberhalb der äußeren Klostermauer verläuft. Von hier aus bietet sich ein schöner Blick auf das Kloster. Sie folgen dem ersten

Das ehemalige Schloss Einsiedel

links abzweigenden Weg und wenden sich bei einem Kanal erneut nach links in den Wirtschaftshof. Sie gehen auf den Torturm zu und folgen nach rechts dem Weg »Zur Klostermühle« entlang der inneren Mauer, vorbei an der Klostermühle, den einstigen Stallungen und Remisen und schließlich durch einen kleinen Durchgang in der Mauer. Hier wenden Sie sich an der Straße nach links und erreichen den Parkplatz unterhalb des Klosters. Entlang der Klostermauer gelangen Sie zum letzten der drei mittlerweile trocken gelegten Fischweiher und betreten den inneren Klosterbereich wieder durch einen Treppenaufgang. (1,5 km / 20 Min.).

(4) Geschichtlicher Lehrpfad Einsiedel Am Schloss (Übersichtskarte) beginnt ein ausgeschilderter Lehrpfad, der zu mehreren Stationen führt, u. a. zu keltischen Hügelgräbern, zu einer keltischen Viereckschanze und einer römischen Jupiter-Giganten-Säule. Informationstafeln geben Auskunft zur früheren Besiedlung auf dem Einsiedel (4,5 km / 1 ¼ Std.).

22 Radtour in den Tälern von Aich und Schaich

In autofreiem Tal bequem aufwärts nach Dettenhausen,
von Waldenbuch talabwärts nach Neuenhaus

■ **Ausgangspunkt**
Neuenhaus

■ **Anfahrt**
B 27 Stuttgart – Tübingen, der abzweigenden B 312 in Richtung Reutlingen folgen, nach 1,5 km abbiegen nach Aich und auf der Landstraße in Richtung Waldenbuch nach Neuenhaus fahren; kleiner Parkplatz an der Kirche

■ **Streckenlänge / Fahrzeit**
23 km / ca. 2 Std.

■ **Tourismus-Information**
Informationszentrum Naturpark Schönbuch, Tel. 0 70 71/60 22 62, www.naturpark-schoenbuch.de
Waldenbuch, Tel. 0 71 57/12 93-14, www.waldenbuch.de

Sowohl das Aichtal als auch das zwischen Neuenhaus und Dettenhausen autofreie Schaichtal sind bei Spaziergängern, vor allem aber bei Radfahrern sehr beliebt. Wer es einigermaßen ruhig haben möchte, macht sich an einem Werktag auf den Weg. Im Häfnerdorf (Töpferdorf) Neuenhaus beginnt die Radtour, die im engen, bewaldeten Tal der Schaich stetig leicht aufwärts führt, nach Dettenhausen, in einem recht steilen Anstieg über einen Hügelrücken nach Waldenbuch. Entlang der Aich geht es schließlich bequem talabwärts nach Neuenhaus zurück.

Neuenhaus, einst ein Dorf von Häfnern Neuenhaus hat eine lange Tradition als Töpferdorf, worüber ein Häfnermuseum in der Nähe der Kirche informiert (geöffnet an jedem 2. Sonntag im Monat 10–16 Uhr). Viele Generationen von »Häfnern« holten Ton aus dem Neuenhauser Wald und töpferten alles, was im Haushalt und am Haus benötigt wurde: Ziegel, höchst unterschiedlich geformte »Häfen« – ein »Hafen« ist ein Topf oder Napf –, Schüsseln, Krüge und auch Gartenzwerge.

Im Schaichtal nach Dettenhausen Vom Parkplatz an der Kirche in Neuenhaus fahren Sie talabwärts am Häfnermuseum vorbei und folgen am Ortsende bei einem Waldparkplatz einem breiten, überwiegend schattigen Forstweg (Radmarkierung: Hohenzollern-Radweg), der talaufwärts entlang des mäandrierenden Flüsschens Schaich stetig leicht ansteigt. Der Weg überquert mehrmals den Bach und passiert einige Grillplätze. Zum ersten Grillplatz am Heilbrunnen gelangt man nach etwa 3 Kilometern auf einem links abzweigenden Feldweg; der Name des Brunnens ist allerdings irreführend, denn das Wasser ist kein heilkräftiges Trink-

Bei Neuenhaus im Aichtal

wasser! Am Weg liegen die Weiher Schlüsselsee mit gelben Teichrosen, der winzige Hummelsklingensee, der Steigweiher mit weißen Wasserrosen und der verlandende Brückenweiher. Am Ortsrand von Dettenhausen radeln Sie an einem kleinen Freibad vorbei, kreuzen die Durchgangsstraße Waldenbuch -Tübingen und biegen nach wenigen Metern rechts ab in eine zum Ortsrand ansteigende Wohnstraße.

Nach Waldenbuch und talabwärts entlang der Aich
Auf der Höhe des Hügelrückens endet die Straße. Ein geradeaus führender Weg (Wandermarkierung: blauer Punkt) verläuft kurzzeitig neben der Straße Dettenhausen – Waldenbuch, knickt kurz nacheinander zweimal rechts ab (blaues Kreuz) und führt hinunter

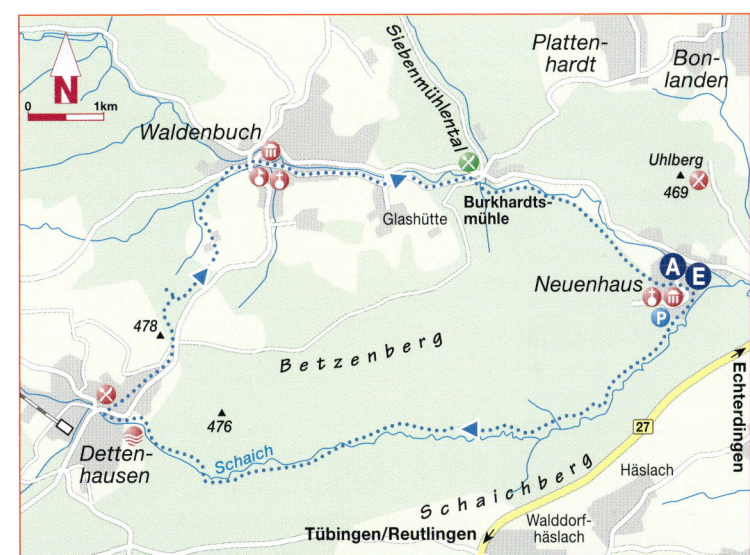

Am Weg durch das autofreie Schaichtal liegen mehrere Weiher.

nach Waldenbuch und zur verkehrsreichen Durchgangsstraße. Ihr folgen Sie nach links, biegen nach 100 Metern rechts ab und fahren am Fuß der niederen Erhebung mit der kleinen Altstadt entlang. Am höchsten Punkt stehen die Kirche und ein Schloss, das von den württembergischen Herrschern vor allem als Jagdschloss genutzt wurde und heute ein interessantes Museum für Volkskultur beherbergt (Di–Sa 10–17, So 10–18 Uhr). Zu Beginn einer Linkskurve der um die Altstadt herumführenden Straße wenden Sie sich nach rechts, fahren an der Schokoladenfabrik Ritter entlang und verlassen das Städtchen auf einer ehemaligen Bahntrasse. Von Waldenbuch fuhren zwischen 1928 und 1955 Züge durch das Aich- und Siebenmühlental nach Vaihingen und ermöglichten den Einwohnern Waldenbuchs, in Stuttgart zu arbeiten. Sie passieren die Rechtsabzweigung einer in den kleinen Ort Glashütte führenden Straße und gelangen wenig später an die Einmündung des Siebenmühlentals in das Aichtal, wo linker Hand in der Nähe des großen Fachwerkgebäudes Burkhardtsmühle ein großer Biergarten eingerichtet wurde. Im nun breiteren Tal verläuft der Weg wenige Meter oberhalb der Talsohle und gabelt sich nach etwa 2 Kilometern. Sie halten sich links zur Talsohle und folgen unmittelbar vor einer kleinen Brücke über das Flüsschen nach rechts einem Wirtschaftsweg, der am Ortsrand von Neuenhaus in eine zur Kirche führende Wohnstraße übergeht.

In der ruhigen Altstadt von Waldenbuch

EINKEHR

■ **Dettenhausen**
Gaststätte Alte Post-
Lamm mit Terrasse,
Ruhetag
■ **Aichtal**
Bei der Burkardtsmühle
der Biergarten »Wald-
meister«, Mo Ruhetag

23 Im Neckartal von Tübingen nach Horb

Autotour über die Bischofstadt Rottenburg zu einem malerischen Landstädtchen, Radtour von Tübingen über Wurmlingen nach Rottenburg und Spaziergänge zur Wurmlinger Kapelle, zur Weilerburg und im Kurpark Bad Niedernau

■ **Ausgangspunkt der Autotour**
Tübingen

■ **Anfahrt**
A 81, Stuttgart – Singen, Anschlussstelle 28 (Herrenberg), B 28 nach Tübingen

■ **Streckenlängen / Geh- und Fahrzeiten**
Autotour ca. 45 km
Radtour (Rottenburg) 24 km / 1 ½ Std.
Spaziergänge 1–3 1 ½ –3 km / 30–60 Min.

■ **Tourismus-Information**
Tübingen,
Tel. 0 70 71/91 36-0;
www.tuebingen-info.de
Rottenburg,
Tel. 0 74 72/91 62 36,
www.wtg-rottenburg.de
Neckar-Erlebnis-Tal,
Tel. 0 74 51/36 11,
www.neckar-erlebnis-tal.de

Nicht gerade als »still« kann man die Universitätsstadt Tübingen bezeichnen, doch wer sie nicht kennt, sollte ihr trotzdem vor dem Beginn der Autotour einen Besuch abstatten. Auch an der viel besungenen Wurmlinger Kapelle und in der Römer- und Bischofstadt Rottenburg ist es nicht menschenleer, doch je weiter man entlang des Neckars talaufwärts fährt, desto ruhiger wird das Tal und enger, denn ab der »Porta Suevica«, der Schwäbischen Pforte bei Rottenburg, windet sich der Neckar durch Muschelkalk.

Universitätsstadt am Neckar Ausgangspunkt der Autotour ist die Universitätsstadt Tübingen, überragt vom Schloss Hohentübingen. Besonders schön ist die Neckarfront mit den eng stehenden Giebelhäusern und dem Hölderlinturm, in dem der Dichter Friedrich Hölderlin 36 Jahre lang bis zu seinem Tod lebte; heute befindet sich hier eine Hölderlin-Gedenkstätte. Vom Neckar führen enge Gassen hoch zum Holzmarkt mit der sehenswerten Stiftskirche St. Georg, von deren Turm sich ein schöner Rundblick über die Altstadt bietet. Links der Stiftskirche steht die Alte Aula, einst Zentrum der 1477 vom württembergischen Graf Eberhard im Bart gegründeten Universität. In der Münzgasse weiter hinauf ist im Haus Nr. 20 der Universitätskarzer untergebracht. Nicht weit ist es zum Marktplatz mit dem Neptunbrunnen und dem bemalten Rathaus aus dem 14./15. Jahrhundert. Vom Marktplatz geht man nach links bergauf zum Schloss Hohentübingen, das von den württembergischen Herzögen zu einer Landesfestung ausgebaut wurde. Vom Rathaus nach rechts erreicht man das Kornhaus, einen mächtigen Fachwerkbau, in dem das Stadtmuseum untergebracht ist.

Über Wurmlingen nach Rottenburg Sie verlassen Tübingen in Richtung Rottenburg und biegen kurz nach dem Stadtrand rechts ab in Richtung Hirschau. Am Fuß des Spitzbergs mit terrassierten

EINKEHR

■ **Tübingen**
Gasthausbrauerei Neckarmüller mit Biergarten am Neckar, täglich ab 10 Uhr

■ **Rottenburg**
Am Ortsende Gasthaus Zum Preußischen, Biergarten am Neckar, Mo und Di Ruhetag

■ **Bieringen**
Landgasthof Kaiser, Mo Ruhetag

■ **Weitenburg**
Hotel-Restaurant Weitenburg, Aussichtsterrasse, kein Ruhetag

■ **Horb**
Am Marktplatz Gasthof zum Schiff, Traditionsgaststätte, kein Ruhetag. Biergarten Rauschbart, März–Ende Okt. täglich

Weinbergen und durch Hirschau erreichen Sie Wurmlingen mit der weithin sichtbaren Wurmlinger Kapelle. Der in Tübingen geborene Dichter Ludwig Uhland machte mit dem im Jahr 1805 geschriebenen Lied »Droben stehet die Kapelle, schauet still ins Tal hinab …« die Kapelle über die Grenzen des Landes hinaus bekannt. Die heutige barocke Kapelle Sankt Remigius aus dem 17. Jahrhundert ist be-

Die malerische Neckarfront der Altstadt von Tübingen

Der Neckar im Straßendorf Mühlen

reits der vierte Nachfolgebau der um 1050 entstandenen Kapelle, von der noch eine frühromanische Krypta erhalten ist.

Von Wurmlingen fahren Sie durch das hier breite Neckartal in das beschaulich-ruhige Rottenburg, das aus der römischen Siedlung Sumelocenna hervorgegangen ist. Einen Einblick in das römische Alltagsleben ermöglicht das Römische Stadtmuseum, wo es eine öffentliche, mehrsitzige Latrine mit einer Länge von 32 Metern zu bestaunen gibt. Von 1381 an gehört die Stadt mehr als 400 Jahre lang zu Österreich; über diese Zeit informiert das Sülchgau-Museum in der Zehntscheuer. Den Marktplatz beherrschen die Kirche St. Martin, die seit 1828 als bischöfliche Kathedralkirche (Dom) dient, und der Marktbrunnen mit gotischer Brunnensäule.

Von Rottenbug nach Horb Sie fahren weiter im Neckartal, das sich bei Rottenburg stark verengt, in den kleinen Kurort Bad Niedernau, in dem im 19. Jahrhundert die »bessere« Gesellschaft kurte, der Kurbetrieb aber inzwischen eingestellt wurde, obwohl das Heilwasser noch sprudelt. Bekannt für sein Mineralwasser ist auch Obernau, im Mittelalter ein Zwergstädtchen mit Wasserburg, von der lediglich der runde Eselsturm übrig geblieben ist. Wie in früheren Jahrzehnten eingekauft wurde, zeigt der historische Tante-Emma-Laden (Rommelstalstr. 23/1, Tel. 0 74 72/88 85, geöffnet an jedem 1. So im Monat 14–18 Uhr).

Beim idyllischen kleinen Ort Bieringen standen im Mittelalter zwei Wasserburgen. Rechts des Neckars wurde die erste Wasserburg erbaut, doch davon ist nur noch ein Burghügel zu sehen. Die frühere

Dorfkirche hingegen, die heutige Friedhofskapelle St. Peter und Paul, ist noch erhalten und birgt Fresken aus der Zeit um 1380. Von der späteren Burg links des Neckars zeugt noch das 1624 erbaute Meiereianwesen, ein Fachwerkbau in der Ortsmitte mit einer Sammlung von historischen Grenzsteinen im »Steinernen Geschichtsgarten«.

Nicht zu übersehen ist die oberhalb von Börstingen am steil ansteigenden Talhang stehende Weitenburg, die im 11. Jahrhundert als wehrhafte Burg erbaut und im Laufe der Jahrhunderte in ein Schloss umgebaut wurde. Sie wird heute als Schlosshotel mit stilvollem Restaurant genutzt.

Sie passieren den Ort Mühlen und gelangen in die Kleinstadt Horb, die sich vom Neckarufer am steilen Talhang hinaufzieht. Beeindruckend ist die Silhouette mit den Türmen, den Resten der mittelalterlichen Stadtbefestigung, auf die man auch bei einem Rundgang durch die Altstadt immer wieder stößt. Der breite Marktplatz zeugt noch von der Bedeutung Horbs als Marktort. Wer mehr über

Die Wurmlinger Kapelle am Rand des hier sehr breiten Neckartals

die Stadtgeschichte erfahren möchte, betrachtet die Bemalung am Rathaus, das so genannte Horber Bilderbuch. Einen Besuch lohnen auch einige Kirchen und Kapellen: die Liebfrauenkirche, ehemalige Klosterkirche mit kostbaren Fresken, die Stiftskirche mit der Horber Madonna (um 1400) und die Kreuzkapelle mit dem »Steinernen Geschichtsgarten«.

Wer vor Beendigung der Autotour nochmals einen Blick ins Neckartal werfen möchte, fährt auf der B 14 ca. 1 Kilometer weit in Richtung Ergenzingen zu einem Parkplatz; von dort sind es wenige Minuten zu Fuß zur Aussichtsplatte Rauschbart mit großem Biergarten. Danach zurück ins Neckartal und auf der B 32 zur Anschlussstelle 30 (Horb) an der A 81, Stuttgart – Singen.

Radtour (Tübingen – Rottenburg)

Vom Parkplatz bei den Sportanlagen/Freibad radeln Sie am Freibad-Eingang vorbei und in eine Parkanlage, wenden sich nach links (Radmarkierung: Neckartal-Radweg) und gelangen entlang des Neckars zur Straße Tübingen – Hirschau. Nach rechts überqueren Sie den Neckar und erreichen Hirschau. Während am Ortsbeginn die Neckartal-Radmarkierung nach links weiterführt, fahren Sie geradeaus (Radwegweiser Rottenburg) durch den Ort und gelangen mit Blick auf die Wurmlinger Kapelle nach Wurmlingen. In einer scharfen Linkskurve der Durchgangsstraße fahren Sie geradeaus und biegen nach 300 Metern links ab auf den Hohenzollern-Radweg. Nach leichtem Auf und Ab zwischen Wiesen und Feldern erreichen Sie Rottenburg. Geradeaus durch ein Wohngebiet, bergab auf einer Ortsstraße und leicht links an einem Kreisverkehr gelangen Sie auf den Marktplatz. In der am Dom abzweigenden Marktstraße fahren Sie zum Neckar hinunter und biegen vor der Neckarbrücke links ab. Sie überqueren eine Altstadt-Umgehungsstraße und verlassen die Stadt auf einer für Kfz gesperrten Straße. Stets mit Blick auf die Wurmlinger Kapelle queren Sie die breite Talsohle, durchfahren das Hirschauer Gewerbegebiet und kehren vom Ortsrand auf dem vom Beginn der Tour schon bekannten Weg zum Ausgangspunkt zurück.

(1) Spaziergang zur Wurmlinger Kapelle

Am Ortsrand von Wurmlingen führt vom Parkplatz am Hang des Kapellenbergs ein sehr steiler Kreuzweg hinauf zur Kapelle, von wo sich ein herrlicher Rundblick über die Gäu-Ebene bietet. Rückweg identisch (2 km / 40 Min.) oder Verlängerung möglich. An der Kapelle bergab in den Kapellensattel (Grillstelle), nach rechts und nach

Der Eselsturm in Obernau ist der letzte Überrest einer Wasserburg.

Das Neckartal bei Börstingen

400 Metern erneut rechts abbigen. Durch den kleinen Wurmlinger Weinberg hinunter zum Parkplatz (3 km / 1 Std.).

(2) Spaziergang zur Weilerburg

Anfahrt: Von Rottenburg nach Weiler südlich des Neckars. In Weiler der Beschilderung in Richtung »Hochschule für Forstwirtschaft« folgen, jedoch vorher abbiegen und im Wald bis zum Hinweisschild »Waldspielplatz und Grillstelle« beim Parkplatz am Fuß der Weilerburg gehen. Ein beschilderter Wanderweg führt zur Burg hinauf. An der Stelle einer mittelalterlichen Burg wurde 1871 ein Sieges- und Minnesänger-Denkmal erbaut; vom Turm genießt man einen prächtigen Rundblick. Eine wehende Fahne zeigt jeweils an, ob der Turm geöffnet und bewirtschaftet ist (1. Mai–30. Sept. So); der Burghof mit Grillstelle ist ständig zugänglich (1 ½ km/ 30 Min.).

(3) Spaziergang im Kurpark Bad Niedernau

In Bad Niedernau von der Neckartalstraße links abbiegen, durch den Ort bis zu einem Parkplatz am Kurpark, einem beliebten Naherholungsziel mit Kneippanlage, Kurparksee, Grillstelle und Apollotempel, wo man sich mit kostenlosem Heilwasser erfrischen kann. Zu Fuß geht es den Katzenbach entlang zum Apollotempel, vorbei an den Gebäuden der Römerquelle. Einkehrmöglichkeit im Schützenhaus (Sa Nachmittag und So); 1,5 km/ 30 Min.). Den Spaziergang kann man ausdehnen, wenn man dem Katzenbach weiter folgt durch die Wolfsschlucht, wo der Bach streckenweise unter einem Felsvorsprung hindurchfließt.

24 Radtour im Ammertal: von Herrenberg zur Wurmlinger Kapelle

Beschauliche Rundtour in weitgehend flachem Tal am Fuß des Schönbuchs

■ Ausgangspunkt
Herrenberg

■ Anfahrt
Pkw: A 81, Anschlussstelle 28 (Herrenberg), in Herrenberg an der Ampelkreuzung geradeaus in Richtung Nagold, nach 500 m links abbiegen zum Parkhaus an der S-Bahn-Station
Bahn: S-Bahn-Linie S 1

■ Streckenlänge / Fahrzeit
40 km / ca. 3 Std.

■ Tourismus-Information
Herrenberg,
Tel. 0 70 32/92 40,
www.herrenberg.de

Ein weithin sichtbares Sakralgebäude am Start- sowie am Zielort sind die auffälligsten Merkmale der im überwiegend flachen Tal der Ammer verlaufenden Radtour: oberhalb der Herrenberger Altstadt die Stiftskirche mit ihrem ungewöhnlich breiten Turm, in dem ein Glockenmuseum eingerichtet wurde, und die als Wurmlinger Kapelle bekannte barocke Kapelle St. Remigius, die ein hervorragender Aussichtspunkt ist.

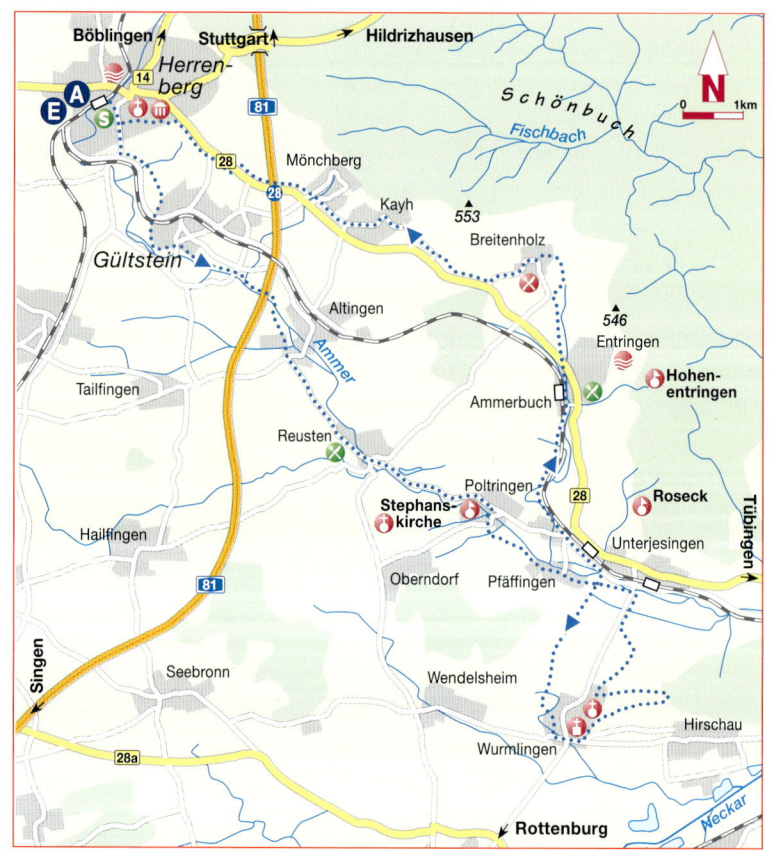

Im Tal der Ammer nach Poltringen An der S-Bahn-Station Herrenberg halten Sie sich geradeaus in die Poststraße, kreuzen die stark befahrene Horber Straße und folgen der Schillerstraße zum Stadtrand. Vor den Gebäuden einer Straßenmeisterei biegen Sie links ab und folgen nach 400 Metern der ehemaligen Gültsteiner Straße (Radmarkierung: Gültstein) nach rechts. Unmittelbar vor Gültstein halten Sie sich rechts um Gültstein herum zum Flüsschen Ammer und biegen rechts ab auf die nach Tailfingen führende Straße. An der Brücke über die Ammer zweigt links ein Fuß- und Radweg ab, der talabwärts nach Altingen führt; im Ortskern stehen einige schöne Fachwerkhäuser, u. a. das Schwedenhaus (17. Jahrhundert). Geradeaus gelangen Sie auf einem neben der Straße verlaufenden Radweg nach Reusten, das sich zwischen den Hängen des hier sehr engen und steilwandigen Ammertals erstreckt. Vorbei an zwei stillgelegten Steinbrüchen, in denen sich kleine Seen gebildet haben, und vorbei an der Stephanskirche mit einem barocken Langhaus führt der Radweg am Ortsbeginn von Poltringen zu einem (nicht zugänglichen)

EINKEHR

■ **Reusten**
Bergcafé mit Terrasse, Mo ab 15, Di–So ab 13 Uhr
■ **Entringen**
Restaurant Schmoll mit Terrasse, Di Ruhetag
■ **Breitenholz**
Gasthof Ochsen, Di Ruhetag

Im Ammertal bei Altingen

Wasserschloss, das zu Beginn des 17. Jahrhunderts nach Plänen des Baumeisters Heinrich Schickhardt erbaut wurde; im ehemaligen Wirtschaftshof des Schlosses befindet sich eine Mühle mit Mühlenladen. In der Ortsmitte wenden Sie sich nach rechts in Richtung Oberndorf und überqueren die Ammer, biegen bei den letzten Häusern links ab und halten sich nach 200 Metern erneut links.

Zur Wurmlinger Kapelle Geradeaus durchqueren Sie auf der alten Ortsdurchfahrt den Ort Pfäffingen und biegen kurz nach den letzten Häusern an einer Wegkreuzung nach rechts auf einen Wirtschaftsweg (Radmarkierung: Hohenzollern-Radweg). Auf der nahezu schnurgeraden Trasse einer römischen Straße und stets mit Blick auf

Das Wahrzeichen Herrenbergs ist die Stiftskirche mit ihrem breiten Turm, in dem ein Glockenmuseum eingerichtet wurde.

die malerisch auf einem Hügelrücken stehende Wurmlinger Kapelle (475 m) gelangen Sie durch Wurmlingen an den südlichen Ortsrand. Während der Hohenzollern-Radweg geradeaus weiterführt, wenden Sie sich nach links und folgen einem auch für Radfahrer vorgesehenen Gehweg an der verkehrsreichen Ortsdurchfahrt zum Ortsende. Hier biegen Sie links ab und schieben das Rad auf einem äußerst steil ansteigenden Kreuzweg hinauf zur Wurmlinger Kapelle, die der in Tübingen geborene Dichter Ludwig Uhland im Jahr 1805 mit dem Lied »Droben stehet die Kapelle, schauet still ins Tal hinab...« über die Landesgrenzen hinaus bekannt machte. Auch Gustav Schwab und Nikolaus Lenau ließen sich inspirieren: Lenau sah die Kapelle als »leichten Kahn auf des Hügels grüner Welle«, Schwab erschien sie als »milder Bau, wie herabgesenkt aus bessern Zonen«, während sich andere Studenten des Tübinger Stifts, u. a. Friedrich Hölderlin, Friedrich Wilhelm Schelling und Friedrich Wilhelm Schlegel mit dem herrlichen Ausblick zufrieden gaben. Die heutige barocke Kapelle St. Remigius (Ende 17. Jahrhundert) ist ein Nachfolgebau der um das Jahr 1050 errichteten ersten Kapelle, von der noch eine frühromanische Krypta vorhanden ist. Da die Kapelle seit dem Elend des Dreißigjährigen Kriegs (1618–48) für zunehmend größere Pilgerscharen zum Ziel einer Wallfahrt wurde, legte man einen Kreuzweg an, auf dem noch heute eine Karfreitagsprozession stattfindet.

Bei Reusten verläuft die Ammer zwischen Felswänden

Am Fuß des Schönbuchs entlang nach Herrenberg Wenige Meter unterhalb der Kapelle führt ein Weg an der Kapelle vorbei in einen niederen Sattel, aus dem nach links ein Asphaltweg hinunterführt in ein Wurmlinger Wohngebiet. Zunächst passieren Sie eine Kreuzung, folgen der nächsten rechts abzweigenden Straße in Richtung Sportgelände und halten sich nach ca. 1 Kilometer an einer Weggabelung links zur Straße Wurmlingen – Unterjesingen. Kurz vor Unterjesingen wenden Sie sich unmittelbar vor einer Ammer-Brücke nach links und biegen in Pfäffingen an der Hauptkreuzung rechts ab zur Bahnstation Pfäffingen. Entlang der Ammertal-Bahnlinie führt der Radweg nach Entringen und zur Ortsdurchfahrt, von der Sie kurz vor dem Ortsende rechts abbiegen in die Friedensstraße. Durch den ruhigen, am Fuß des Schönbuchs gelegenen Ort Breitenholz gelangen Sie zu einem Radweg neben der B 28 Tübingen – Herrenberg und erreichen wenig später auf einer Straße das Dorf Kayh. Am Ortsende weist die Markierung eines Fuß- und Radwegs in Richtung Herrenberg. Der Weg kreuzt zwei Zufahrtsstraßen des erhöht liegenden Orts Mönchberg und führt entlang der B 28 nach Herrenberg. Am Stadtrand orientieren Sie sich an einer Ampelkreuzung nach links (Ausschilderung: Schulzentrum, Krankenhaus), biegen kurz nach dem Krankenhaus links ab in die Markusstraße und halten sich an einer leicht verschobenen Kreuzung geradeaus in die Erhardtstraße. Durch die vierte rechts abzweigende Seitenstraße, die Alzentalstraße, kehren Sie zur Horber Straße und zur S-Bahn-Station zurück.

135

25 Radtour im Nagoldtal: von Nagold nach Bad Liebenzell

Kulturtour zur Hermann-Hesse-Stadt Calw und zum ehemaligen Kloster Hirsau

■ **Ausgangspunkt**
Nagold

■ **Anfahrt**
Pkw: A 8 Stuttgart – Karlsruhe an einer der Anschlussstellen Pforzheim verlassen, durch Pforzheim und B 463 im Nagoldtal aufwärts über Herrenberg nach Bad Liebenzell; Parkplatz am Bahnhof und per Bahn nach Nagold.
Bahn: Bad Liebenzell und Nagold sind Stationen an der Linie Pforzheim – Horb

■ **Streckenlänge / Fahrzeit**
33 km / 2 1/2 Std.

■ **Tourismus-Information**
Nagold,
Tel. 0 74 52/68 11 36,
www.nagold.de
Calw,
Tel. 0 70 51/96 88 10,
www.calw.de
Bad Liebenzell,
Tel. 0 70 52/40 80,
www.bad-liebenzell.de

Im engen, windungsreichen Tal der Nagold mit steilen, bewaldeten Hängen liegen bemerkenswerte Orte: Nagold mit einem teilweise erhaltenen historischen Stadtkern, einem keltischen Grabhügel an der Nagold und mit der Burgruine Hohennagold, die malerische Altstadt von Wildberg, die sich in einer Flussschleife am Hang hochzieht, ein romanisches Kirchlein in Kentheim, die Fachwerk-Altstadt von Calw und in Hirsau die romanische Aureliuskirche sowie eine umfangreiche Klosterruine. Der hervorragend ausgeschilderte Nagoldtal-Radweg führt bequem talabwärts, abgesehen von leichten Anstiegen zwischen Nagold und Wildberg sowie einem steilen Anstieg kurz nach Kohlerstal.

Von Nagold über Wildberg nach Calw Vom Bahnhof Nagold halten Sie sich bergab zur Ortsdurchfahrt (Calwer Straße/ B 463), folgen ihr nach rechts und biegen am Stadtrand rechts ab auf die nach Emmingen führende Straße. Geradeaus fahren Sie durch den kleinen Ort, gelangen auf einem Wirtschaftsweg zu einem Sträßchen, das auf die Talsohle hinunterführt, und halten auf das malerisch am Talhang liegende Städtchen Wildberg zu; vor der Stadt liegt rechter Hand das ehemalige Dominikanerinnenkloster Maria Reuthin (13. Jahrhundert). Rechts der Nagold folgen Sie

der Flussschleife um den Bergsporn, auf dem sich die kleine Altstadt von Wildberg hinzieht, überqueren die B 463 sowie die Bahngleise und gelangen über die wenigen Häuser von Seitzental nach Kohlerstal. Hier führt der Radweg mit einem etwa 700 Meter langen, recht steilen Anstieg über einen Bergsporn mit der Burgruine Waldeck und schneidet damit eine für Radfahrer gefährliche Straßenkurve ab. Am Bahnhof Bad Teinach können Sie einen Abstecher machen in das 3 Kilometer entfernte Bad Teinach mit einem Kurbad und einer interessanten kabbalistischen Lehrtafel in der Kirche; für Laien ist die aufklappbare Lehrtafel nur durch die Erläuterungen eines sachkundigen Führers zu verstehen (Führungen April–Okt. jeden Do 15 Uhr). Vorbei am kleinen Straßendorf Kentheim mit der romanischen Candiduskirche, in der spätgotische Fresken erhalten sind, und vorbei an den wenigen Gebäuden von Tanneneck erreichen Sie die Altstadt von Calw. Über den Hermann-Hesse-Platz – rechts überspannt eine alte Bogenbrücke mit einer Nikolauskapelle die Nagold – gelangen Sie auf den von Fachwerkhäusern eingerahmten Marktplatz. Im

EINKEHR

■ **Calw**
Hotel-Restaurant Rössle, kein Ruhetag
■ **Hirsau**
Hotel Kloster Hirsau, kein Ruhetag
■ **Bad Liebenzell**
Parkrestaurant im Kurhaus, Terrasse, Mo und Di Ruhetag

Der von Fachwerkhäusern gesäumte Marktplatz von Calw

Die Ruine des Klosters Hirsau; links im Hintergrund die Ruine eines Renaissance-Jagdschlosses der Herzöge von Württemberg

Haus Nr. 30 wurde ein Museum eingerichtet für den in Calw geborenen und aufgewachsenen Hermann Hesse, den Literatur-Nobelpreisträger des Jahres 1946 (April–Okt. Di–So 11–17, Nov.–März Di–So14–17 Uhr).

Über Hirsau nach Bad Liebenzell Anhand der Radmarkierungen durchfahren Sie Calw, gelangen in die Ortschaft Hirsau und nach links zum Kloster. Die Aureliuskirche, eine romanische Basilika (11. Jahrhundert), war die Kirche des ersten Klosters; nebenan befindet sich heute ein Klostermuseum. Von hier zogen die Mönche um in einen Klosterneubau links der Nagold mit der Basilika Sankt Peter und Paul, die mit einer Länge von 97 Metern bis zum Bau des Ulmer Münsters die größte Kirche im schwäbischen Raum war. Im 12. Jahrhundert wurde Hirsau zum Ausgangspunkt einer Reformbewegung, die der Verweltlichung der Klöster begegnen wollte und die strikte Einhaltung der Mönchsregel forderte: Gehorsam, Verzicht auf Eigentum und Askese, aber auch die Freiheit des Klosters vom Einfluss weltlicher Herren. Im Bauernkrieg wurde das Kloster teilweise zerstört (1525), in der Reformation durch Herzog Ulrich von Württemberg verstaatlicht (1535) und in eine Schule umgewandelt, während nebenan ein herzogliches Jagdschloss errichtet wurde. Im Jahr 1692 jedoch wurden Kirche, Kloster und Jagdschloss von französischen Truppen zerstört und in der Folgezeit von der Bevölkerung als Steinbruch benutzt. Noch immer eindrucksvoll sind die frei zugänglichen Überreste: der nordwestliche Kirchturm, der sogenannte Eulenturm mit einem Bilderfries, der Kreuzgang, die gotische Marienkapelle, die Ruine des Renaissance-Jagdschlosses sowie zwei Tore der einstigen Klostermauer.

Zur Fortsetzung der Tour kehren Sie zurück, passieren die Aureliuskirche und biegen nach Überqueren der Nagold links ab in Richtung Ottenbrunn. Vorbei an der am anderen Ufer sich hinziehenden Ortschaft Ernstmühl führt der Radweg zum Bahnhof des Heilbads Bad Liebenzell, das beherrscht wird von der mächtigen Burg Liebenzell, in der ein Konferenzzentrum eingerichtet wurde.

*In der Altstadt von Nagold
stehen einige prächtige
Fachwerkhäuser.*

*Die Brückenkapelle auf der
alten Nagoldbrücke in Calw*

Register

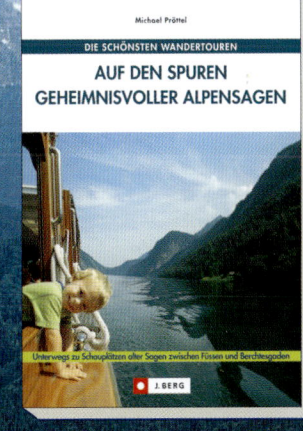

Impressum

Unser komplettes Programm:
www.j-berg-verlag.de

Produktmanagement: Sabine Klingan, Carina Jungchen
Textlektorat: Ute König, Rosenheim
Layout: Medienfabrik, Stuttgart
Kartografie: Heidi Schmalfuß, München
Repro: Medienfabrik, Stuttgart
Herstellung: Thomas Fischer
Printed in Italy by Printer Trento S.r.l.

Alle Angaben dieses Werkes wurden von den Autoren sorgfältig recherchiert und auf den aktuellen Stand gebracht sowie vom Verlag geprüft. Für die Richtigkeit der Angaben kann jedoch keine Haftung übernommen werden. Für Hinweise und Anregungen sind wir jederzeit dankbar. Bitte richten Sie diese an:
J. Berg Verlag
Produktmanagement
Postfach 40 02 09
D-80702 München
E-Mail: lektorat@j-berg-verlag.de

Bildnachweis:
Alle Fotos im Innenteil und auf dem Umschlag stammen von den Autoren Ute und Peter Freier.

Deutsche Nationalbibliothek – CIP-Einheitsaufnahme
Ein Titelsatz für diese Publikation ist bei der Deutschen Nationalbibliothek erhältlich.

© 2009 J. Berg Verlag in der C. J. Bucher Verlag GmbH, München.
ISBN 978-3-7658-4205-4